KURT LEOPOLD TRAXL

BARISTA Know-how

KURT LEOPOLD TRAXL

BARISTA Know-how

Alles, was man für den perfekten Kaffee wissen muss

riva

Bibliografische Information der Deutschen Nationalbibliothek
Die Deutsche Nationalbibliothek verzeichnet diese Publikation in der Deutschen Nationalbibliografie.
Detaillierte bibliografische Daten sind im Internet über https://dnb.de abrufbar.

Für Fragen und Anregungen
info@m-vg.de

Wichtiger Hinweis
Ausschließlich zum Zweck der besseren Lesbarkeit wurde auf eine genderspezifische Schreibweise sowie eine Mehrfachbezeichnung verzichtet. Alle personenbezogenen Bezeichnungen sind somit geschlechtsneutral zu verstehen.

Originalausgabe
8. Auflage 2026

Türkenstraße 89
80799 München
Tel.: 089 651285-0

Redaktion: Silke Panten
Umschlaggestaltung: Laura Osswald
Umschlagabbildung: Iryna Melnyk/Shutterstock.com, Alvaro German Vilela/Shutterstock.com, yingko/Shutterstock.com, P-fotography/Shutterstock.com
Satz: Satzwerk Huber, Germering
Druck: Florjancic Tisk d.o.o., Slowenien
Printed in the EU

ISBN Print 978-3-7423-0741-5
ISBN E-Book (EPUB, Mobi) 978-3-7453-0334-6

Für Michaela, Paul und Simon

INHALT

VORWORT

Mein Name ist Kurt Traxl und ich bin kaffeesüchtig. Kaffee hat mich mein ganzes Leben begleitet und fasziniert. Als Kind wurde mir der Kaffeekonsum von meinen Eltern verboten – doch ich nippte oft heimlich an der Tasse. Später als Jugendlicher war Kaffee eine Selbstverständlichkeit für mich. Kaffee war immer da, ohne dass ich mir je nähere Gedanken über dieses wunderbare Getränk gemacht hätte. Erst bei der Ausbildung zum Kaffeesommelier bei Prof. Edelbauer in Wien wurde ich in die »Geheimnisse« des Kaffees eingeweiht. Kaffee hat für mich ab diesem Zeitpunkt einen ganz besonderen Stellenwert bekommen. Er wurde zu meinem Lebensmittelpunkt.

Ich begann, Kaffee zu rösten, zu verkaufen und mein Wissen in Kursen weiterzugeben. Bei diesen Kaffeekursen lerne ich noch heute viele verschiedene Menschen kennen, die unterschiedliche Kaffeezubereitungsmethoden bevorzugen und oft ein falsches oder besser gesagt unwahres Wissen über Kaffee besitzen. Ich merke, dass das Interesse an hochwertigem Kaffee und an Kaffeewissen stark zunimmt und dass die Menschen neugieriger werden. Dies mag zum einen am Zeitgeist liegen: Die Menschen beschäftigen sich immer mehr mit Produkten und Lebensmitteln und werden von den Medien sensibilisiert. Zum anderen hat das Thema Gesundheit einen hohen Stellenwert bekommen: Man möchte wissen, was man genau konsumiert, woher es kommt und wer dahinter steht. Ich finde es wichtig, diesen Interessierten ein fundiertes und umfangreiches Wissen zu vermitteln, denn es gibt fast nichts Schöneres, als einen perfekten Kaffee zu genießen, von dem man weiß, wie man sich ihn selbst zubereiten kann, woher er kommt und welchen Weg er bis zur eigenen Tasse hinter sich hat.

Liebe Leserinnen und Leser, ich wünsche Ihnen zahlreiche genussvolle Kaffeemomente. Sollte eine Ihrer Fragen in diesem Buch nicht beantwortet werden, können Sie mir jederzeit eine E-Mail an kaffee@kurttraxl.com senden.

VON DER PFLANZE zum Heißgetränk

Das Wesen der Kaffeepflanze

Die **Kaffeepflanze** (lateinisch: Coffea) wird zur Gattung der Rötegewächse (lateinisch: Rubiaceae) gezählt. Sie wächst als Strauch oder Baum und kann bis zu 4 Meter hoch werden. In den Kaffeeplantagen werden die Pflanzen kultiviert und erreichen dort eine Höhe von rund 2 Metern – so kann man die Kaffeekirschen noch problemlos mit der Hand ernten.

Die Kaffeepflanze ist ein Hochlandgewächs und gedeiht in subtropischen Gebieten bis etwa 2000 Höhenmeter. Als Faustregel lässt sich Folgendes sagen: Je höher Kaffee wächst, umso länger braucht er, bis er geerntet werden kann. Die Kaffeebohnen bilden mehr Aromastoffe, sind milder und oft geschmacksintensiver.

Der Kaffeebaum kann bis zu 2 Meter hoch werden.

Damit sich die Kaffeepflanze perfekt entwickeln kann, benötigt sie neben viel Sonne auch Schattenphasen, weshalb sie in manchen Plantagen zwischen Bananenstauden gesetzt wird. Eine Durchschnittstemperatur von rund 25 Grad Celsius, viel Wasser und eine hohe Luftfeuchtigkeit sind optimal. Diese Umwelteinflüsse wirken sich ebenfalls auf den Geschmack aus. Da viele Faktoren davon nicht beeinflussbar sind, kann es vorkommen, dass Kaffee aus derselben Region je nach Erntejahr anders schmeckt.

Eine ideale Zimmerpflanze

Wenn Sie im Internet, im Gartencenter oder beim Gärtner eine Kaffeepflanze kaufen, achten Sie darauf, dass die Temperatur nicht unter 10 Grad Celsius fällt, die Pflanze nicht direkt in der Sonne steht und mit zimmertemperiertem Wasser oder Regenwasser gegossen wird. Häufig befinden sich gleich mehrere Pflanzen im Topf. Pflanzen Sie daher unbedingt jede Pflanze in einen eigenen Topf um. Verwenden Sie hierfür hochwertige Erde und düngen Sie die Pflanzen ab und zu leicht.

Bananenbäume spenden den so wichtigen Schatten für die Kaffeepflanze.

Setzen Sie sie nicht in den Garten, Kaffee ist bei uns eine ideale Zimmerpflanze, die mit etwas Glück sogar zu blühen beginnt und Kirschen trägt. Die Ausbeute wird zwar nicht sehr groß sein, dafür können Sie aber Ihren eigenen Kaffee ernten. Wenn Sie möchten, können Sie diesen fermentieren und rösten, die Erfahrung zeigt aber, dass dieser Kaffee meist nicht besonders gut schmeckt – aber immerhin können Sie so nachvollziehen, wie Kaffee angebaut wird. Rohkaffeebohnen, die bei manchen Röstereien erworben werden können, eignen sich nicht zum Anpflanzen, da sie bereits fermentiert wurden.

Die Kaffeepflanze im Detail

Die **Blüten** der Kaffeepflanze sind klein, schneeweiß und riechen nach Jasmin. Die Blütezeit ist abhängig vom Klima und auch von der Kaffeesorte, manche Sorten blühen nur zwei Stunden. Diese relativ kurze Blütezeit macht es für Insekten schwierig, die Pflanzen zu bestäuben, daher hat die Natur es eingerichtet, dass sich einige Kaffeearten selbst bestäuben können. Wichtig dafür ist eine große Anzahl an Blüten, so können bis zu 40 000 Stück auf einer Kaffeepflanze zu finden sein. Nach zwei bis vier Tagen fallen die Blüten ab, eine Befruchtung ist dann nicht mehr möglich.

Die Krone teilt sich bei Arabica-Kaffee in fünf, bei Robusta-Kaffee in bis zu sieben spitz zusammenlaufende kurzstielige Blütenblätter.

Die **Kaffeekirsche** entwickelt sich aus einem Fruchtknoten im Inneren der Blüte, der häufig aus zweisamigen, rundlichen Kernen besteht. Es kann auch vorkommen, dass nur ein Kern in der Kirsche zu finden ist; diese Kaf-

Bis zu 40 000 Blüten können auf einer Pflanze wachsen.

Die Blätter der Kaffeepflanze können bis zu 15 Zentimeter lang werden und erreichen oft eine Breite von 6 Zentimeter. Sie glänzen und sind immergrün.

feebohne nennt man Perl-Bohne, sie ist kleiner und fast rund. Jeder Kern ist von einer sehr dünnen Schale umgeben, dem »Silberhäutchen«. Darüber liegen die Pergamenthaut mit Fruchtschleim, die Pulpe sowie die Kirschhaut.

Die unterschiedlichen Reifestadien der Kaffeekirsche erkennt man an deren Farbe, von Grün über Gelb bis zu Tiefrot reicht die Farbpalette. Sind die Kirschen rot, ist es Zeit für die Ernte. In hohen Lagen blühen die Kirschen nur einmal im Jahr, in tief liegenden Kaffeeplantagen können die Pflanzen mehrmals blühen.

Eine Besonderheit der Kaffeepflanze ist, dass verschiedene Reifestadien der Kirsche gleichzeitig auf einem Zweig zu finden sind, daher wird Kaffee auch meist von Hand geerntet. Würde man die Ernte mit einer Maschine machen, würden auch nicht reife Kirschen gepflückt.

Kirschen in unterschiedlichen Reifestadien auf einem Kaffeebaum oder -ast sind keine Seltenheit. Geerntet werden dürfen aber nur die dunkelroten Kirschen, diese sind reif und Basis eines hochwertigen Kaffees.

Der Unterschied zwischen Kirsche und Bohne

Manchmal wird die Kaffeekirsche fälschlicherweise als Kaffeebohne bezeichnet. Die Kaffeebohnen sind aber die Samen beziehungsweise die Kerne im Inneren der Kirsche.

Die **Blätter** der Kaffeepflanze sind sehr spitz und längsförmig. Sie strahlen in einem kräftigen Grün, haben eine glatte, leicht glänzende Oberfläche; die Unterseite ist matt und etwas rau. Die Blätter sind zwischen 8 und 15 Zentimeter lang und etwa 4–6 Zentimeter breit.

Pilze und andere Schädlinge

Jährlich bedrohen zahlreiche **Schädlinge** die Kaffeeernten. Die Kaffeebauern haben es mit einer Vielzahl an Pilzen oder Insekten zu tun. Der am meisten gefürchtete Schädling ist der Kaffeekirschenbohrer. Er ist etwa 1–2 Millimeter groß und erinnert von der Erscheinung an einen Borkenkäfer. Die Bohnen der Kaffeekirsche dienen als Nahrung für die Larven. Dadurch werden die Bohnen zerstört und die Pflanze geschwächt. Sie wird dadurch umso anfälliger für weitere Schädlinge oder Pilze. Die Schäden durch den Kaffeekirschenbohrer werden jährlich auf über 400 Millionen Euro geschätzt.

Weitere tierische Schädlinge sind unter anderem Milben, Läuse oder auch Ratten.

Der wohl bekannteste und gefährlichste Pilz unter den Schädlingen ist der Kaffeerost (lateinisch: Hemileia vastatrix). Anzeichen hierfür sind kleine gelbliche Flecken auf der Unterseite der Blätter. Die Flecken breiten sich aus und zerstören die Blätter, diese fallen schließlich ab und legen die Bohnen frei, die daraufhin durch die Sonneneinstrahlung austrocknen und dadurch zerstört werden.

Meist werden verschiedene Pestizide eingesetzt, um diesen Schädlingen beizukommen. Untersuchungen haben gezeigt, dass manche Pestizide in den Rohkaffeebohnen nachgewiesen werden können, jedoch im gerösteten Kaffee nicht mehr. Durch die hohen Temperaturen beim Röstvorgang werden die Pestizide abgebaut. Man kann davon ausgehen, dass Monokulturen und der Wunsch nach hohen Ernteerträgen die Pflanzen anfälliger für Schädlinge machen. Bioanbau ist eine gute Alternative, hier dürfen keine Pestizide ver-

Der Kaffeekirschenkäfer verbeitet Angst und Schrecken unter den Farmern.

Kaffeepflanzen, die mit Kaffeerost (Pilzart) befallen sind, sterben langsam ab.

wendet werden und die Kaffeesträucher werden unter anderem neben Bananenbäumen gepflanzt, das bedeutet, es wird auf Monokultur verzichtet. Die Pflanzen sind weniger anfällig gegenüber Schädlingen. Durch die Vermeidung von Monokulturen und mit etwas Glück bleiben die Farmer von Schädlingen verschont.

Weltweiter Anbau und Export

Weltweit werden auf über 12 Millionen Hektar etwa 15 Milliarden Kaffeepflanzen angebaut.

Das Gebiet innerhalb des 23. Breitengrades nördlicher Breite und des 25. Breitengrades südlicher Breite wird als der Kaffeegürtel bezeichnet. In diesen Breiten rund um den Äquator herrscht ein subtropisches – also ein feuchtes und trockenes – Klima, das für die Kaffeepflanze optimale Wachstumsbedingungen bietet. Neben dem subtropischen Wechselklima zeichnet sich dieses Gebiet auch durch relativ konstante Temperaturen, genügend Niederschlag sowie einen nährstoffreichen Boden aus.

Der Kaffeegürtel zieht sich über Mittel- und Südamerika, Afrika, Asien und Australien. Brasilien ist auch heute noch der größte Kaffeeexporteur weltweit. Jährlich werden weit über 2,7 Millionen Tonnen Kaffeebohnen geerntet. Zwei Drittel davon werden mithilfe von Kaffeesäcken in die ganze Welt exportiert.

Kaffeeexport in Zahlen

Ein Kaffeesack beinhaltet meist 60 Kilogramm Kaffeebohnen. Weltweit werden jährlich etwa 140–199 Millionen Säcke Rohkaffee produziert. Das sind zwischen 8 und 12 Millionen Tonnen!

Weltweit am meisten Kaffee exportieren die folgenden Länder:

- Brasilien – 34 Millionen Säcke
- Vietnam – 27 Millionen Säcke
- Kolumbien – 12 Millionen Säcke
- Indonesien – 6 Millionen Säcke
- Indien – 6 Millionen Säcke

Mittelamerika
Mexiko
Guatemala
Honduras
Kuba
Jamaika
Haiti
Dominikanische Republik
Puerto Rico
Hawaii
El Salvador

Südamerika
Brasilien
Ecuador
Galapagosinseln
Kolumbien
Venezuela
Peru
Costa Rica
Bolivien
Nicaragua

Afrika
Äthiopien
Burundi
Elfenbeinküste
Jemen
Kamerun
Kenia
Madagaskar
Malawi
Kongo
Ruanda
Sambia
Simbabwe
Tansania
Uganda

Südost-Asien
Indien
Indonesien
Vietnam
Philippinen

Australien
Papua-Neuguinea

Kaffeepflanzen in Kaffeeplantagen überziehen häufig große Landstriche und bilden die Lebensgrundlage vieler Bewohner dieser Gebiete.

Kaffee hat seinen Preis

Kaffee wird oft als das schwarze Gold Ostafrikas bezeichnet, daher verwundert es nicht, dass Kaffee im Welthandel einen hohen Stellenwert einnimmt. Aufgrund der ungebrochenen Beliebtheit und steigenden Nachfrage wird Kaffee sogar an der Börse gehandelt. Kaffee ist heute wohl das zweitwichtigste Exportgut gleich hinter Erdöl. Wie bei vielen anderen Rohstoffen wird der Preis von Angebot und Nachfrage bestimmt. Wer sich mit der Preisentwicklung näher auseinandersetzen will, sollte die Importzahlen vergleichen, Naturkatastrophen wie große Unwetter und die politische Lage in den Anbaugebieten im Auge behalten und sich mit der gesamten wirtschaftlichen Lage der Kaffeeindustrie beschäftigen. Ernteausfälle und Währungsschwankungen sind weitere Faktoren, die den Kaffeepreis mitbestimmen.

Kaffee an der Börse

Arabica-Kaffee wird am New York Board of Trade (NYBOT) und Robusta-Kaffee an der London International Financial Futures Exchange (LIFFE) gehandelt. Privatpersonen können Kaffee mittels Optionsscheinen, Zertifikaten oder ETCs an der Börse handeln. Es sind schon viele Menschen mit Spekulationen auf Kaffee reich geworden, aber noch mehr wurden in den Ruin getrieben.

Die Inhaltsstoffe der Kaffeebohne

Kaffee besteht aus vielen unterschiedlichen Inhaltsstoffen, viele davon ändern sich während des Röstvorgangs. Wissenschaftliche Forschungen gehen davon aus, dass die Kaffeebohne aus über 1000 Substanzen besteht. Die wichtigsten Grundstoffe davon sind Kohlenhydrate, Fette, Wasser, Säuren, Eiweißstoffe, Alkaloide (Koffein), Mineralstoffe und Aromastoffe.

Kohlenhydrate

Der Kohlenhydratanteil in der Kaffeebohne beträgt etwa 30–35 Prozent. Im Speziellen sind es wasserunlösliche und wasserlösliche Polysaccharide (Vielfachzucker) sowie Glucose und Saccharose (Zucker). Während des Röstvorgangs verändern sich die Kohlenhydrate, werden umgewandelt und zum Teil abgebaut. Die unlöslichen Stoffe findet man beim Aufguss als Kaffeesatz wieder.

Fette

Der Fettanteil liegt bei etwa 16 Prozent. Fette bilden das sogenannte Kaffeebohnenöl. Man hat festgestellt, dass in Arabica-Bohnen mehr Fette vorhanden sind als in den Robusta-Bohnen. Da diese Fette nicht wasserlöslich sind, wird nur ein sehr geringer Teil extrahiert und kommt so in den trinkfertigen Kaffee.

Säuren

Über 80 Säuren wurden bereits im Kaffee nachgewiesen. Die Chlorogensäure bildet den größten Anteil. Je nach Röstgrad können bis zu 70 Prozent Säureanteil abgebaut werden. Zu viel Säure kann sich auf den menschlichen Körper negativ auswirken. Daher kann Kaffee bei regelmäßigem und lang anhaltendem Konsum zu Magenproblemen führen. Robusta-Bohnen haben mehr Chlorogensäure als Arabica-Bohnen und können somit schädlicher für den Körper sein.

Wasser

Der Wassergehalt bei Rohkaffee liegt bei etwa 10 Prozent. Während des Röstvorgangs verdampft das Wasser – bis auf rund 1–3 Prozent. Danach nimmt der Kaffee einen kleinen Teil der Luftfeuchtigkeit wieder auf.

Eiweiß

Rohkaffee besteht zu etwa 10 Prozent aus natürlichen Eiweißstoffen. Diese werden während des Röstvorgangs durch die hohen Temperaturen abgebaut oder verbinden sich mit anderen Stoffen.

Alkaloide (Koffein)

Als Alkaloide bezeichnet man natürlich vorkommende stickstoffhaltige Substanzen. Koffein ist eine davon und auch das einzige Alkaloid, das im Kaffee vorkommt. Zwischen 0,8 und 1,8 Prozent Koffein sind in der Arabica-Bohne vorhanden. Die Robusta-Bohne enthält 1–3,7 Prozent. Koffein entsteht bei der Fotosynthese der Kaffeepflanze und ist in hohen Dosen tödlich, in kleinen Mengen regt es das zentrale Nervensystem und das Herz an. Zudem steigert Koffein die Konzentrationsfähigkeit, erhöht die Aufmerksamkeit sowie die körperliche Leistungsfähigkeit, ist aufmunternd, verbessert das Kurzzeitgedächtnis und bringt den Stoffwechsel in Schwung.

Eine Tasse Kaffee enthält durchschnittlich 80 Milligramm Koffein. Fünf Tassen pro Tag sollten für einen gesunden Menschen kein Problem in Bezug auf die Verträglichkeit darstellen, das sind etwa 400 Milligramm Koffein. Mehr ist aber nicht zu empfehlen. Es muss beachtet werden, dass auch in Produkten wie Schokolade, Tees usw. Koffein enthalten ist. Bei etwa zehn Tassen können bereits Vergiftungserscheinungen wie Unruhe, Herzrasen, Durchfall oder Kreislaufprobleme auftreten, ein maßgeblicher Faktor ist hier das Körpergewicht. 10 Gramm Koffein sind für den Menschen tödlich, das entspricht etwa 125 Tassen Kaffee.

Mineralstoffe

Etwa 3–6 Prozent Mineralstoffe sind in der Rohkaffeebohne enthalten. Den größten Anteil nimmt Kalium ein. Nachweisbar sind auch Kalzium, Phosphor, Magnesium und Spuren von Schwefel, Eisen sowie Mangan.

Aromastoffe

Während des Röstvorgangs bilden sich verschiedene Aromastoffe in der Kaffeebohne. Durch eine starke Hitzeentwicklung wird die sogenannte Maillard-Reaktion hervorgerufen. Dabei entstehen neue chemische Verbindungen, die für die Bräunung, das Aroma und auch für den Geschmack verantwortlich sind. Es sind weit über 750 Aromastoffe bekannt. Je nach Röstung und Zubereitungsart reicht die Geschmacksbandbreite von schokoladenartig über nussig bis hin zu zart fruchtig, erdig oder auch zitrusartig. Die Röstdauer und Hitzesteuerung sind ausschlaggebend für den Geschmack und den Geruch des Kaffees. So kann es vorkommen, dass Kaffee von der gleichen Ernte je nach Rösterei anders schmeckt.

So bleibt das Aroma erhalten

Aromastoffe sind flüchtig. Daher sollten Kaffeebohnen nicht in der Sonne oder neben hitzeausstrahlenden Geräten wie einer Kaffeemaschine gelagert werden. Gerade im Gastronomiebereich findet man immer wieder Kaffeemühlen direkt neben der Kaffeemaschine; dies wirkt sich negativ auf die Anzahl der Aromen und dadurch auf den Geschmack aus. Lagern Sie Kaffeebohnen kühl, trocken und dunkel, um die Aromen bestmöglich zu erhalten.

Die Rösterei als Geschmacksbote

Viele Röstereien setzen bei der Geschmacksbezeichnung auf Kaffeeverpackungen auf »selbsterfüllende Prophezeiung«. So schreiben sie beispielsweise »Karamellgeschmack« auf die Verpackung und hoffen, dass der Kunde auch tatsächlich Karamell im Kaffee schmeckt. Diese Einstellung kann sehr schnell nach hinten losgehen. Mein Tipp daher für Röstereien: Gehen Sie sorgsam mit der Geschmacksbezeichnung auf Ihren Kaffeeverpackungen um. Sie erzeugen eine Erwartungshaltung, die unter Umständen nicht erfüllt wird und somit beim Kunden negative Gefühle hervorruft, weil dieser beispielsweise keinen herben Schokoladengeschmack schmecken kann. Die Folge: Beim nächsten Einkauf greift er zu Kaffee von einer anderen Rösterei.

Am Ende schmeckt Kaffee immer nach dem Land, in dem er angebaut wurde, und lässt allein durch die Nennung des Herkunftslandes beim Kunden eine Vielzahl an spannenden Geschmacksinterpretationen zu.

Kaffee und Gesundheit

Hartnäckig halten sich seit Jahrzehnten die Gerüchte und Unwahrheiten über die schädliche Wirkung des Kaffees auf den menschlichen Organismus. Doch zahlreiche wissenschaftliche Forschungen und Langzeitstudien zeigen auf, dass der schlechte Ruf des Kaffees zu Unrecht besteht. Das Problem ist, dass es zu jeder Studie, die eine positive Auswirkung des Kaffees auf den Körper oder die einzelnen Organe feststellt, eine andere Untersuchung gibt, die eine negative Auswirkung aufzeigt. 100-prozentiger Arabica-Kaffee hat allerdings tatsächlich eine positivere gesundheitliche Wirkung auf den Menschen als ein hoher Anteil an Robusta-Bohnen im Kaffee. Zudem ist wie bei allen Genussmitteln die Dosis entscheidend. Man kann davon ausgehen, dass 15 Tassen Kaffee pro Tag ungesund sind, hingegen 2–5 Tassen täglich eine positive Wirkung auf den Körper haben. Auf die Inhaltsstoffe des Kaffees reagiert jeder Körper anders. Daher sind pauschalisierte Aussagen schwer zu treffen. So gelangt Koffein bei einigen Menschen bereits nach 15 Minuten in den Blutkreislauf, bei anderen hingegen erst nach 40 Minuten. Auch die Halbwertszeit ist verschieden. Normalerweise ist die Koffeinmenge im Blut nach etwa vier Stunden auf die Hälfte gesunken. Zudem spielen Faktoren wie der Koffeingehalt der Bohnen, die Röstfarbe oder auch die Zubereitungsmethode eine nicht unerhebliche Rolle.

Mein Tipp

Trinken Sie drei bis fünf Tassen Kaffee pro Tag. Die Wahrscheinlichkeit, dass diese Dosis sich negativ auf Ihren Körper auswirkt, ist sehr gering. Dennoch sollten Sie auf Ihren Körper hören und Warnzeichen beachten.

Häufig gestellte Fragen zum Gesundheitswert von Kaffee sind die folgenden:

Wie wirkt Kaffee auf das Herz-Kreislauf-System?

Ein wesentlicher Bestandteil von Kaffee ist Koffein. Koffein hat auf das Herz und den Blutkreislauf eine positive Wirkung. Die Herzkranzgefäße erweitern sich und werden weniger verkalkt. Durch die Reinigung der Arterien können Sauerstoff und Nährstoffe besser in die Zellen transportiert werden. Kaffee erhöht den Blutdruck zwar kurzfristig, doch über einen längeren Zeitraum hinweg kann sich dieser Effekt sogar positiv auf den Körper auswirken. Dennoch sollten Menschen, die unter Bluthochdruck leiden, den Kaffeekonsum nicht übertreiben.

Steigert Kaffee die körperliche Leistungsfähigkeit?

Es ist tatsächlich so, dass zahlreiche Spitzensportler kurz vor einem Wettbewerb oder sogar währenddessen Kaffeebohnen kauen. Koffein erweitert die Blutgefäße und Adrenalin wird ausgeschüttet, dadurch kann mehr Sauerstoff in die Muskeln transportiert werden, was zu einer Leistungssteigerung führt.

Bewirkt Kaffee eine bessere Gehirnleistung?

Koffein hilft dem Gedächtnis. Es steigert das Erinnerungsvermögen, steigert die Reaktionszeit und hilft dabei, Informationen schneller zu speichern und in das Langzeitgedächtnis zu transportieren.

Entzieht Kaffee dem Körper Wasser?

Dieser Mythos hält sich sehr hartnäckig, ist aber falsch. Kaffee ist harntreibend, entzieht dem Körper aber kein Wasser. Das Glas Wasser, das meist zum Kaffee serviert wird, ist eine nette Tradition, aber nicht unbedingt notwendig, um den Flüssigkeitshaushalt auszugleichen. Zum Durstlöschen ist Kaffee allerdings tatsächlich nicht geeignet.

Hilft Kaffee gegen Mundgeruch oder verstärkt er ihn?

Häufig hört man, dass Kaffee Mundgeruch verursacht. Dies ist meist dann der Fall, wenn Kaffee mit Milch getrunken wird. Durch Bakterien, die Kaffee und Milch abbauen, kann Mundgeruch entstehen. Lässt man die Milch allerdings weg, werden durch einige antibakteriell wirkende Substanzen im Kaffee Bakterien im Mundraum abgetötet. Dies führt zu einem besseren Atem.

Schützt Kaffee vor Depressionen?

Laut einigen Studien soll Koffein dabei helfen, Depressionen zu lindern. Wie das genau funktioniert, ist noch unbekannt, aber: Eine gute warme Tasse Kaffee ist ein Erlebnis für die Sinne, ein Genuss für den Gaumen und eine erwärmende Erfahrung für den Körper. Dies und chemische Vorgänge im Körper könnten die Begründung für die positive Wirkung gegen Depressionen sein.

Kann man mit Kaffee abnehmen?

Kaffee kurbelt den Stoffwechsel an. Der Körper produziert mehr Wärme und benötigt dafür mehr Energie. Koffein bringt die Fettverbrennung in Schwung, regt den Darm an und wirkt als Appetitzügler. Dennoch ist es nicht erwiesen, dass man durch Kaffeekonsum allein abnehmen kann. Ob Kaffee Ihren Körper dabei unterstützt, dass die Pfunde purzeln, muss jeder für sich selbst herausfinden. Regelmäßiger Sport, eine gesunde und ausgewogene Ernährung sind allerdings oft besser als sogenannte Kaffeediäten.

Hilft Kaffee gegen Kopfschmerzen?

Eine pauschale Aussage kann hier nicht getroffen werden. Jedoch steigert Kaffee die Durchblutung des Gehirns, was zu einer Linderung der Kopfschmerzen führen kann.

Ist Kaffee wirklich ein Muntermacher?

Koffein überwindet sehr rasch die Blut-Hirn-Schranke und blockiert im zentralen Nervensystem das Andocken von Adenosin (dem Schlafbotenstoff) an die Rezeptoren, indem es diese besetzt. Konsumiert man aber regelmäßig Kaffee, wird auch mehr Adenosin erzeugt. Der »Muntermachereffekt« tritt dann nur mehr mit erhöhter Koffeinzufuhr ein.

Verursacht Kaffee Magenprobleme?

Viele Menschen klagen über Sodbrennen oder ein unangenehmes Gefühl im Magen, nachdem sie Kaffee konsumiert haben, und verzichten folglich auf Kaffee. Dabei ist nicht Kaffee per se schuld an diesem Problem, sondern die Chlorogensäure im Kaffee. Die kann tatsächlich zu einer Reizung des Magens führen und ist daher schädlich für die Magenschleimhaut. Durch langsames und schonendes Rösten allerdings wird Chlorogensäure abgebaut. Bevorzugen Sie also mit der Wiener Röstung (helle Röstung) hergestellten Kaffee und solchen von kleinen Röstereien, da diese meist sehr langsam rösten und auf hohe Qualität achten. Robusta-Bohnen haben mehr Chlorogensäure als Arabica-Bohnen.

Hilft Kaffee gegen Krebs?

Forscher haben herausgefunden, dass Kaffee Leberkrebs oder Darmkrebs vorbeugen und Entzündungen hemmen kann. Laut einer US-Studie soll Kaffee auch gegen Hautkrebs schützen. Vier Tassen täglich sollten reichen. Ob Kaffee auch Krebs oder Tumorzellen töten kann, ist fraglich. Es gibt viele Studien dazu, doch deren Ergebnisse sind sehr widersprüchlich. Gesichert ist laut zahlreichen Studien, dass Kaffee das Krebsrisiko zumindest nicht erhöht.

Macht Kaffee süchtig?

Der Körper gewöhnt sich zwar an die regelmäßige Koffeinzufuhr, doch von einer klassischen Sucht spricht man dennoch nicht, da die Menge nicht ständig erhöht werden muss und die Suchtzentren im Gehirn verschont bleiben. Verzichtet man für einige Tage auf den Kaffeekonsum, kann es vorkommen, dass Kopfschmerzen auftreten, die aber rasch wieder verschwinden.

Dürfen Schwangere Kaffee trinken?

Schwangere brauchen nicht auf ihren geliebten Kaffee zu verzichten. Zahlreiche Experten sind sich einig: Ein–zwei Tassen pro Tag sollten kein Risiko für ein Neugeborenes darstellen. Das Gleiche gilt für die Stillzeit. Entkoffeinierter Kaffee sollte keine Alternative sein. Achten Sie als Schwanger allerdings auf die Gesamtdosis, denn auch Tees, Energydrinks und andere Lebensmittel enthalten Koffein.

Schützt Kaffee vor einem Schlaganfall?

Studien haben gezeigt, dass bereits der Konsum von einer Tasse Kaffee das Risiko, einen Schlaganfall zu erleiden, minimiert. Ab neun bis zehn Tassen pro Tag tritt ein Umkehreffekt auf, die Gefahr, einen Schlaganfall zu bekommen, steigt.

Hilft Kaffee gegen Asthma?

Koffein wird zugeschrieben, die Bronchien zu erweitern. Dadurch entspannt sich die Muskulatur und das Atmen fällt leichter. Zudem werden die Flimmerhärchen im Bronchialsystem stimuliert.

Verringert Kaffee das Risiko, an Diabetes Typ 2 zu erkranken?

Zahlreiche Studien belegen, dass der regelmäßige Konsum von Kaffee das Risiko, an Diabetes Typ 2 zu erkranken, um bis zu 50 Prozent senken kann.

Kann Kaffee Parkinson verzögern?

Das Koffein im Kaffee verringert das Risiko, an Parkinson zu erkranken, um bis zu 60 Prozent. Bei dieser Krankheit sterben Nervenzellen im Gehirn langsam ab.

Leben Kaffeetrinker tatsächlich länger?

Eine Studie, die auf der Auswertung von mehr als 500 000 Menschen in zehn europäischen Ländern über einen Zeitraum von 16 Jahren beruht, besagt, dass Menschen, die regelmäßig Kaffee konsumieren, weniger wahrscheinlich vorzeitig an Krankheiten sterben als Menschen, die keinen oder weniger als drei Tassen Kaffee am Tag trinken.

Schützt Kaffee unsere DNS vor Schäden?

Eine Studie zeigt auf, dass Kaffee die menschliche DNS vor Schäden schützen kann. Bei dieser Studie tranken vier Wochen lang die Hälfte der Probanden Wasser, die andere Hälfte schwarzen Kaffee. Vorher und nachher wurde die DNS untersucht, wobei bei den Kaffeetrinkern weniger Schäden der Erbsubstanz festgestellt wurden.

Wie viel Kalorien hat Kaffee?

Eine Tasse schwarzer Kaffee hat rund 2 Kalorien. Gibt man allerdings Milch und Zucker in den Kaffee, hebt dies den Kalorienwert schnell auf 100 Kalorien oder mehr. Ein Cappuccino beispielsweise hat etwa 100 Kalorien. Ein Latte macchiato mit Zucker hat rund 250 Kalorien.

Mein Fazit: Viele Experten sehen Kaffee als eine gesunde Ergänzung zu einem gesunden Lebensstil. Wie gesagt macht auch hier die »Dosis das Gift«. Man geht aber davon aus, dass etwa drei Tassen Kaffee pro Tag gesund sind und den Körper unterstützen, gegen Krankheiten zu kämpfen oder diese zu verhindern. Dies ist jedoch nur bei hochwertigem Kaffee und ohne Zugabe von Zucker oder Milch der Fall.

Die großen Kaffeesorten

Für den weltweiten Handel sind zwei Kaffeesorten von großer Wichtigkeit: Arabica und Robusta. Es gibt noch etwa 60 weitere Sorten, denen aber keine große wirtschaftliche Bedeutung für den Welthandel beigemessen wird. Es werden etwa zwei- bis dreimal mehr Arabica- als Robusta-Sträucher angebaut, was sich auch auf die Erntemengen auswirkt. So macht die Arabica-Bohne mehr als 55 Prozent des Handels aus.

Die beiden Kaffeesorten sind optisch und geschmacklich sehr unterschiedlich, werden in verschiedenen Gebieten angebaut, haben andere Inhaltsstoffe und einen unterschiedlichen Wachstumszyklus.

Barista erkennen am Außsehen der Kaffeebohne, ob diese von einem Arabica- oder Robusta-Baum stammt. Arabica: länglich und flacher in der Form mit einem geschwungenen Schnitt in der Mitte. Robusta: sehr rundliche und dicke Form mit einem eher geraden Schnitt in der Mitte.

Arabica-Kaffee

Der **Arabica-Kaffee** wird auch Hochland-Kaffee, Gesunde Bohne oder Coffea Arabica genannt.

Anbaugebiet: Die Arabica-Bohne wächst nur im Hochland. Am ergiebigsten gedeiht sie auf einer Höhe von 900–2000 Metern über dem Meeresspiegel.

Erntezyklus: Aufgrund der geografischen Hochlandlage wird Arabica-Kaffee nur einmal im Jahr geerntet.

Aussehen: Arabica-Bohnen haben eine längliche und sehr ovale Form. Sie sind größer und flacher als die Robusta-Bohnen. Der Schlitz ist geschwungen und erinnert an ein S.

Inhaltsstoffe: Die Arabica-Bohne enthält wenig Koffein und wenig Chlorogensäure, hat aber viele Aromen, ist geschmacksintensiv und sehr gut verträglich.

Gut verträgliche Arabica-Bohne

Menschen, die von Kaffee Magenschmerzen, Sodbrennen oder Herzrasen bekommen, sollten nur Kaffee mit 100 Prozent Arabica-Bohnen konsumieren. Dies ist mit dem Hinweis »100 % Arabica« auf der Verpackung angegeben.

Geschmack: Arabica-Kaffee ruft bei vielen Menschen ein fruchtiges, zartes, vielschichtiges Geschmackserlebnis hervor. Die Rohbohne riecht stark nach Getreide. Mit etwas Übung kann man anhand der Färbung und des Geruchs das Alter bestimmen.

Robusta-Kaffee

Der **Robusta-Kaffee** wird auch Tiefland-Kaffee oder Coffea Canephora genannt.

Anbaugebiet: Robusta-Kaffee wächst in Gebieten von 300–600 Höhenmetern. Afrika und Asien sind die Hauptexportländer für Robusta-Kaffee.

Erntezyklus: Die Robusta-Bohne entwickelt sich schneller als die Arabica-Bohne und kann zweimal im Jahr geerntet werden.

Aussehen: Diese Bohnen sind sehr rund und bauchig, sie haben einen relativ geraden Schlitz.

Inhaltsstoffe: Je nach Sorte kann sie bis zu 50 Prozent mehr Koffein enthalten als die Arabica-Bohne. Der hohe Säuregehalt kann bei Menschen mit empfindlichem Magen zu Problemen führen.

Geschmack: Die Robusta-Bohne hat viele Bitterstoffe, schmeckt holzig und erdig, ist rau und scharf im Abgang. Der Kaffee hat ein volles Aroma.

Wie der Name Robusta schon sagt, ist diese Bohne sehr robust und widerstandsfähig. Sie ist weniger anfällig für Schädlinge und Krankheiten und trotzt Temperaturschwankungen und anderen Umwelteinflüssen besser als die Arabica-Bohne. Diese Unterschiede spiegeln sich im Preis wider. So ist die Arabica-Bohne teurer als die Robusta-Bohne. Die Hochlandlage mit oft steilen Abhängen und anderen geografischen Hindernissen bedeutet für die Farmer der Arabica-Bohne einen zeitlichen und finanziellen Aufwand. Durch die Anfälligkeit der Arabica-Bohnen werden diese häufiger von Schädlingen befallen, was oft einen enormen Ernteausfall ergibt. Zudem kommen so häufig teure Pestizide zum Einsatz, um die Schädlinge zu vernichten.

Viele Espressoliebhaber schwören auf Robusta. Der hohe Koffeingehalt und der erdige Geschmack hat viele Anhänger gefunden. So ist es keine Seltenheit, dass Mischungen aus beispielsweise 80 Prozent Robusta und 20 Prozent Arabica im Handel zu finden sind.

Der Wunsch nach der perfekten Crema

Es ist ein Irrtum, dass nur Robusta eine perfekte Crema erzeugt. Für eine perfekte Crema ist unter anderem der Mahlgrad ausschlaggebend. Dazu mehr auf Seite 40.

So wird Kaffee geerntet

Der Beginn der Kaffeeernte ist von Region zu Region unterschiedlich. Geografische und klimatische Faktoren sowie die Gattung der Kaffeepflanze sind maßgebend für den Erntezeitpunkt. Die Kirschen sind nach etwa sechs bis sieben Monaten reif; der Reifegrad lässt sich anhand der Färbung bestimmen. Nur die roten Kirschen sind reif und dürfen geerntet werden. Grüne oder überreife, also dunkelrote Kirschen mindern die Qualität des Kaffees. Da auf der Kaffeepflanze Kirschen in unterschiedlichen Reifestadien vorhanden sind, ist nur die Ernte von Hand sinnvoll und zielführend; dennoch kommen in manchen Gebieten Erntemaschinen zum Einsatz.

Die aufwendigste Methode, Kaffeekirschen zu ernten, ist das „Picking". Reife Kirschen werden bei diesem Verfahren einzeln mit der Hand gepflückt, so kann auch gleich die Qualität kontrolliert werden.

Kirschen in verschiedenen Reifestadien wurden meist per Stripping geerntet.

Es gibt drei Erntemethoden: »Strippen«, »Picking« und die maschinelle Ernte.

Die Stripp-Pflückung

Bei dieser Methode werden alle Kirschen von einem Ast abgestreift. Da alle Reifestadien mitgeerntet werden, ist eine Qualitätskontrolle nach der Ernte unbedingt erforderlich. Es werden unreife Kirschen per Hand ausgesondert und Verunreinigungen wie Blätter und Astteile entfernt. Die Gefahr, dass bei dieser Methode unreife Kirschen weiterverarbeitet werden, ist sehr hoch. Dies kann zu einer Qualitätsminderung führen.

Das Picking-Verfahren

Beim Picking werden, wie der Name vermuten lässt, nur reife Kirschen per Hand herausgepickt. Diese Methode ist zwar sehr zeitaufwendig und kostenintensiv, aber nur so kann die hohe Qualität garantiert werden. Daher ist diese Methode auch heute noch sehr verbreitet.

Hier werden nur die reifen Kirschen geernet. Kirschen, die mit dieser Methode gepflückt wurden, gehören zu den teuersten Kaffeesorten der Welt. Handarbeit bei der Kaffeeernte ist immer noch die am weitesten verbreitete Methode.

In manchen Kaffeeplantagen kommen sogenannte Harvester zum Einsatz. Diese Methode ist nicht zu empfehlen, da die Pflanzen häufig verletzt werden, was zu einer langen Regenerationszeit des Kaffeestrauches führt.

Die maschinelle Ernte

Der sogenannte Harvester ist eine Erntemaschine, die auf großen Kaffeeplantagen häufig zum Einsatz kommt. Die Maschinen durchkämmen die Äste der Kaffeepflanze und schütteln sie. Kirschen mit unterschiedlichen Reifegraden fallen entweder in einen großen Vorratsbehälter oder zu Boden und werden von dort eingesaugt. Steine, Äste, Blätter und weitere Verunreinigungen müssen später händisch aussortiert werden.

Bei dieser Methode kann es vorkommen, dass die Kaffee-Pflanzen verletzt werden. Der »Stress«, dem die Pflanze dadurch ausgesetzt ist, hat eine lange Regenerierungsphase der Pflanze zur Folge.

Die Aufbereitung der Bohnen

Entscheidend für die Kaffeequalität ist die rasche Weiterverarbeitung der Früchte. Die Bohnen werden vom Fruchtfleisch getrennt und anschließend getrocknet. Grundsätzlich wird zwischen der trockenen, der nassen und der halbtrockenen Aufbereitungsmethode unterschieden. Welche Methode zur Anwendung kommt, ist regional verschieden. Da sich die Aufbereitungsmethode auf den Geschmack auswirkt, versucht man möglichst nass aufzubereiten, so erhält man starke Aromen und die bessere Säure. In Gebieten mit Wasserknappheit kommen die trockene und die halbtrockene Methode zur Anwendung. Generell lässt sich sagen, das Robusta-Bohnen meist trocken aufbereitet werden. Bei Arabica-Bohnen kommen alle drei Methoden zum Einsatz.

Die trockene Methode (dry, natural, unwashed)

In großen Wasserbecken oder Schwemmkanälen werden Verunreinigungen aussortiert, indem man sich die unterschiedlichen Ge-

Die Aufbereitung der Kaffeebohnen erfolgt häufig mithilfe der Sonne. Die Bohnen werden großflächig ausgelegt und von der Sonne getrocknet. Wichtig ist, dass die Bohnen häufig gewendet werden.

wichte zunutze macht: Unreife Früchte und Steine sinken zu Boden, während Blätter, Holz, Äste und überreife Kirschen oben schwimmen. Häufig findet man unter der Wasseroberfläche ein Rohr, mit dessen Hilfe nur die reifen Kirschen abgesaugt werden. Diese werden anschließend großflächig auf dem Boden oder auf eigenen Gestellen ausgebreitet. Die tropische Sonne kümmert sich um den Rest. Damit die Bohnen nicht schimmeln und gleichmäßig trocknen, werden sie mehrmals täglich gewendet. Der Trocknungsprozess dauert zwei bis vier Wochen. Die Schale ist danach dunkelbraun und bricht sehr leicht, der Feuchtigkeitsgehalt ist auf rund 12 Prozent gesunken.

Nun müssen die Kirschen geschält werden. Dazu werden eigene Schälmaschinen verwendet. Hierbei werden die Kirschen von dem ausgetrockneten Fruchtfleisch, der Pergamenthaut und vom Silberhäutchen getrennt. In den Plantagen findet nun eine weitere Qualitätskontrolle der Rohkaffeebohnen statt.

Die nasse Methode (washed)

Auch bei der nassen Methode kommen die Kirschen in Schwemmkanäle, wo Verunreinigungen und unreife Kirschen aussortiert werden. Die reifen Früchte schwimmen danach aber in sogenannte Quelltanks. Dort saugt sich das Fruchtfleisch mit Wasser an und quellt auf. Nach etwa drei Tagen kommen die Kirschen zum Pulper. Dies ist ein Gerät, das das Fruchtfleisch (die Pulpe) aufbricht und von den Kaffeebohnen trennt. An den Rohbohnen bleiben allerdings noch Reste von Fruchtfleisch und Pergament sowie eine Schleimschicht haften.

Der wesentliche Unterschied zur trockenen Aufbereitung ist, dass die Bohnen zur Fermentation in Gärtanks gefüllt werden. Das noch vorhandene Fruchtfleisch wird durch die Fermentation vollständig aufgelöst, zurück bleibt das Silberhäutchen und die Pergamenthaut. Bakterien unterstützen die chemische Reaktion bei der Fermentation, die auch entscheidend für den späteren Geschmack des Kaffees ist. Es ist sehr wichtig, dass der Fermentationsprozess in den Gärtanks ständig überwacht wird, um eine Übergärung zu verhindern. Die sogenannte »Stinkerbohne« kann eine ganze Kaffeepartie verderben. Sie entsteht, wenn eine Überfermentation stattgefunden hat.

Nach etwa 36 Stunden ist der Fermentationsprozess abgeschlossen und die Rohkaffeebohnen werden mit sauberem Wasser in Tanks oder in speziellen Maschinen gewaschen. Nun kommt die Trocknung. Dazu werden die Bohnen großflächig auf dem Boden ausgebreitet, die Sonne übernimmt den Rest. Nach etwa 15 Tagen hat der Kaffee eine Feuchtigkeit von rund 15 Prozent erreicht. In manchen Ländern werden die Bohnen danach poliert. Viele Kaffeeliebhaber bevorzugen Kaffee, der mit der nassen Aufbereitungsmethode verarbeitet wurde. Sie schwören auf das starke Aroma, die ausgewogene Säure und einen besonders intensiven Geschmack, der nur durch die Nassfermentierung zustande

Reife Kirschen auf dem Weg zum Entpulper, wo das Fruchtfleisch von den Kernen getrennt wird.

kommt. Kaffeebohnen, die mit dieser Methode aufbereitet wurden, zeichnen sich durch eine sehr hohe Qualität aus und werden zu Bestpreisen gehandelt.

Die halbtrockenen Methoden

Es gibt zwei halbtrockene Methoden, mit denen die Kaffeebohnen aufbereitet werden können: die Semi-washed- und die Pulped-natural-Methode. Beide kommen in den Ländern zum Einsatz, die zu wenig Wasser für die nasse Aufbereitung haben. Allerdings haben Kirschen, die mit den halbtrockenen Methoden verarbeitet werden, einen ganz besonderen Geschmack und erfreuen sich großer Beliebtheit. Bei beiden Verfahren durchlaufen die Früchte den gleichen Weg bis zum Pulper. Nachdem das Fruchtfleisch zum großen Teil entfernt wurde, werden beim Semi-washed-Verfahren die Fruchtfleischreste mit einem Wasserstrahl und/oder Bürsten entfernt. Danach werden die Bohnen von der Sonne getrocknet oder kommen in spezielle Trocknungsmaschinen. Es findet hierbei keine Fermentation statt.

Bei der Pulped-natural-Methode werden die Bohnen direkt nach dem Entpulpen zum Trocknen ausgelegt. An den Kaffeebohnen haften zu diesem Zeitpunkt noch Rückstände von Fruchtfleisch. Auch hier findet keine Fermentation statt.

Nachdem die Bohnen getrocknet wurden, werden sie für die Lagerung oder den Transport vorbereitet. Sie werden noch geschält und sortiert.

Rohkaffee wird meist in Säcken zu 60 Kilogramm gehandelt.

Das Rösten bestimmt den Geschmack

Beim Rösten werden durch Hitzeregulierung die chemischen und physikalischen Eigenschaften der Rohkaffeebohnen verändert. Bei diesem Prozess ändern sich Farbe, Geruch, Dichte und Geschmack. Während des Röstvorgangs und mit zunehmender Hitze beginnen die Pflanzenfasern langsam zu verkohlen, dabei verdampft das Wasser in den Bohnen. Durch die Wasserverdampfung und die Röstgase entsteht ein Überdruck in den nun gelblich bis braun verfärbten Bohnen; der Druck lässt die Bohnen fast bis zur doppelten Masse aufquellen: Sie nehmen an Volumen zu und verlieren an Gewicht. Bei diesem Aufquellen bekommen die Zellwände Risse und ein knackendes Geräusch ist zu hören. Röstmeister nennen dieses Knacken »first crack«. Im Inneren der Bohne laufen dabei chemische Prozesse ab: Säuren und Kohlenhydrate werden abgebaut oder verbinden sich neu. Aromastoffe und Röststoffe wie Furfurol oder Phenole entstehen. Der in den Bohnen vorhandene Zucker beginnt zu karamellisieren, während der Bohnenfettgehalt zunimmt. Ab etwa 100 Grad Celsius beginnt die Braunfärbung der Bohne. Bei etwa 200–240 Grad Celsius ist ein zweites Knacken zu hören, für viele Röstmeister ist dies das Zeichen, dass die Bohnen nun fertig geröstet sind.

Es kann aber vorkommen, dass einige Röstmeister bereits beim »first crack« den Röstvorgang beenden. Gerade im skandinavischen Raum findet dies großen Anklang.

Der Geschmack lässt sich beeinflussen

Jeder Röstmeister hat eine eigene Hitzekurve beim Röstvorgang; diese ist für den Geschmack des Kaffees ausschlaggebend. So kann es vorkommen, dass dieselbe Bohne der gleichen Ernte je nach Röstmeister und Unternehmen anders schmeckt.

Während des Röstvorgangs verliert die Bohne rund 12–22 Prozent an Gewicht. Diesen Gewichtsverlust nennt man Einbrand. Dafür nimmt sie rund 50 Prozent an Volumen zu. Nach der Röstung müssen die Bohnen rasch abgekühlt werden. Es ist sehr wichtig, dass die Bohnen komplett ausgekühlt sind, bevor sie zum Ausgasen gebracht werden. Da nach der Röstung laufend Kohlendioxid von der Kaffeebohne abgegeben wird – besonders stark in den ersten 48 Stunden –, lässt man den Kaffee in dieser Zeit ausgasen, er wird nicht verschlossen gelagert.

Das Loch in der Kaffeeverpackung

Achten Sie darauf, dass die Verpackung Ihres Kaffees ein Aromaloch hat. Da laufend Kohlendioxid abgegeben wird, kann das Gas aus dieser Öffnung entweichen. Luftdicht verpackter Kaffee wird meist von der Industrie ausgeliefert und ist kein Zeichen von Frische.

Die Röstdauer, Hitze und Kühlmethode sind für die Qualität der Kaffeebohne entscheidend. In der Industrie kommen häufig **Schalenröster** zum Einsatz. Bei dieser Methode wird 400–600 Grad Celsius heiße Luft direkt auf die Kaffeebohnen geblasen, der Röstvorgang dauert dadurch nur einige Minuten. So kann in kurzer Zeit eine große Menge an Kaffee produziert werden. Gekühlt wird anschlie-

Trommelröster erfreuen sich heute einer immer größeren Beliebtheit. Viele Röstereien rösten bis zu 220 Grad Celsius.

ßend meist mit Wasserdampf, was die Qualität der Bohnen vermindert und die Haltbarkeit verkürzt. Das Gewicht der Bohnen nimmt durch das Wasser aber zu.

Hauptsächlich kommen aber **Trommelröster** zum Einsatz. Der Röstmeister erhitzt die Bohnen auf maximal 250 Grad Celsius und unterbricht den Röstvorgang nach etwa 15–30 Minuten. Die Bohne hat dadurch ausreichend Zeit, eine Vielfalt an Aromen zu bilden.

Handröster verschiedenster Art und Bauweise erfreuen sich immer größerer Beliebtheit. Der Vorteil an diesen kleinen Röstern ist, dass man »direkt« an der Bohne ist, den Röstvorgang genau mitverfolgen und nach Belieben abbrechen kann. Der Nachteil ist die verhältnismäßig kleine Rohkaffeemenge, die in einen solchen Röster passt.

Industrielle Röster werden meist mit Gas betrieben, Handröster mit Bio-Ethanol, auf dem offenen Feuer oder mit einem Elektroherd.

Da die einzelnen Bohnenarten unterschiedliche Röstzeiten haben, wird immer sortenrein geröstet. Denn nur so kann ein perfektes Röstergebnis von höchster Kaffeequalität erzielt werden. Blends, also Mischungen aus verschiedenen Kaffeesorten, werden erst nach dem Rösten gemischt. Es ist durchaus üblich, dass nicht nur Kaffee aus unterschiedlichen Ländern, sondern auch unterschiedliche Aufbereitungsmethoden gemischt werden.

In vielen Teilen der Welt wird Kaffee noch per Hand über einer offenen Feuerstelle geröstet.

Röstbarbe und Röstgrade

Während des Röstvorgangs durchläuft die Bohne verschiedene Farbstadien: Grün, Gelb, verschiedene Brauntöne bis hin zu Schwarz. Man kann feststellen, dass länderspezifische Präferenzen bezüglich der Röstgrade bestehen. So werden die Bohnen im skandinavischen Raum eher heller geröstet. In Italien bevorzugt man hingegen sehr dunkle bis fast schwarze Röstungen. Glänzende Tropfen oder ölige Flecken auf den Bohnen sind ein Zeichen dafür, dass die Bohnen zu schnell und zu heiß geröstet wurden. Meist ist dies bei dunklen Röstungen oder industriell gerösteten Bohnen der Fall.

Die helle Röstung

Diese Röstung wird manchmal auch »blasse Röstung« oder Karamell-Röstung genannt, da die helle Farbe der Kaffeebohnen an Karamell erinnert.

Die skandinavische Röstung

Bei dieser Röstung sind die Bohnen hellbraun und eine Stufe dunkler als bei der hellen Röstung. Gerade im amerikanischen und skandinavischen Raum ist dieser Röstgrad sehr beliebt. Wenn man die Bohnen genauer betrachtet, kann man erkennen, dass sie etwas runzelig sind und keine glatte Oberfläche haben. Böse Zungen behaupten, dass diese Bohnen noch nicht fertig geröstet sind und der Röstvorgang zu früh abgebrochen wurde.

Bohnen in verschiedenen Röststadien – von hell bis dunkel. Röstgrade haben Auswirkung auf den Geschmack.

Die Wiener Röstung

Farblich kommt diese Röstung einem mittleren Braun sehr nahe. Bei diesem Röstgrad können sich viele Aromastoffe entfalten, die Säure wird reduziert und der Kaffee ist im Allgemeinen sehr gut verträglich. Gerade in Österreich wird diese Röstung bevorzugt.

Die französische Röstung

Die Bohnen haben ein sehr dunkelbraunes Röstbild. Es kann vorkommen, dass sie glänzen und sich Öltropfen auf ihnen bilden.

Die italienische Röstung

Die italienische Röstung, auch Espressoröstung genannt, ist sehr dunkel bis schwarz. Diese Röstung weißt einen hohen Anteil an Ölen auf.

Zu dunkel kann schädlich sein

Bei einer zu dunklen Röstung entsteht Acrylamid. Acrylamid steht in Verdacht, das Erbgut zu verändern und krebserregend zu sein.

Das Mahlen der Bohnen

Sehr entscheidend für den Kaffeegeschmack ist der Mahlgrad. Der Mahlgrad selbst kann nur mit den Fingern perfekt kontrolliert werden. Sichtkontrollen sind oft falsch und führen zu einem schlechten Geschmackserlebnis.

> **Kaffee lieber selbst mahlen**
>
> Vom Kauf von gemahlenem Kaffee ist abzuraten, da die Qualität der Bohnen nicht mehr kontrolliert werden kann und hier häufig der ganze »Röstabfall« gemahlen und verkauft wird. Zudem bauen sich beim gemahlenen Kaffee die Aromastoffe schneller ab, was eine negative Auswirkung auf den Geschmack hat. Mahlen Sie also lieber selbst und sparen Sie beim Mühlenkauf nicht. Hochwertige Handmühlen können Generationen überstehen. Beim Kauf von elektrischen Mühlen ist darauf zu achten, dass neben dem Mahlgrad auch die Kaffeemenge einstellbar ist.

Es gibt eine Vielzahl an Kaffeemühlen, wobei im privaten Bereich die **Handmühle** zu bevorzugen ist. Da Kaffeearomen flüchtig sind, gehen diese durch die Wärmeerzeugung bei Elektromühlen verloren. Bei Handmühlen hingegen verteilt sich ein angenehmer Kaffeegeruch im ganzen Raum. Je feiner der Mahlgrad, umso länger benötigt das Wasser, um durchlaufen zu können, das heißt, es werden mehr Stoffe aufgenommen. Daher ist es wichtig, dass Sie den Mahlgrad an Ihre persönlichen Vorlieben anpassen. Die einen bevorzugen einen geschmacklich stärkeren, die anderen einen leichteren Kaffee.

Neben dem Mahlgrad spielt auch die Kaffeemenge eine wichtige Rolle. Als Faustregel lässt sich sagen, dass jeder Espresso 8 Gramm Kaffee hat, ein doppelter Espresso hat 14 Gramm. Bei den Filtermaschinen kann man etwa 11 Gramm pro Tasse rechnen, auch hier spielen die persönlichen Geschmacksvorlieben eine große Rolle. Auf die Kaffeemenge wird bei den verschiedenen Zubereitungsmethoden (siehe ab Seite 59) noch näher eingegangen. Jede Zubereitungsmethode besitzt ihren eigenen perfekten Mahlgrad. Den Mahlgrad für die beliebtesten Zubereitungsmethoden möchte ich Ihnen im Folgenden vorstellen.

Türkischer Kaffee

Bei dieser Zubereitungsmethode wird der Kaffee sehr fein gemahlen, man kann ihn fast als Kaffeestaub bezeichnen.

Fingerprobe: Der Kaffee ist leicht und fein wie Mehl.

Der Mahlgrad ist für den Kaffeegeschmack sehr entscheidend und je nach Methode sehr verschieden. 1. Türkischer Kaffee wird mit Mehlpulver zubereitet. 2 Espressomahlung ist sehr fein. 3. Der Mahlgrad für Filterkaffeemaschinen ist fein. 4.Chemexmahlung ist etwas gröber. 5. Mahlen Sie immer frisch. Am Besten mit einer Handmühle. 6. Die Mokka-Kanne benötigt einen gröberen Mahlgrad. 7. Für die Karlsbader Kanne nimmt man eine sehr grobe Mahlung. 8. Der gröbste Mahlgrad bei Handmühlen wird auch bei der Karlsbader Kanne verwendet, je nach Geschmack.

Karlsbader Kaffeekanne

Die Karlsbader Kaffeekanne erfreut sich wieder einer großen und ständig wachsenden Fangemeinde und entscheidend für ein perfektes Kaffeeerlebnis ist der Mahlgrad. Da diese Kanne einen groben Keramikfilter hat, empfiehlt es sich, eine etwas grobkörnigere Mahlung als beim Filterkaffee zu wählen. Ist die Mahlung zu fein, läuft das Wasser nicht durch, ist die Mahlung zu grob, läuft das Wasser zu schnell durch, das Ergebnis ist ein schlechter und langweilig schmeckender Kaffee.

Fingerprobe: Grobe Körner mit oft 1–1,3 Millimeter Durchmesser sind zu spüren.

Filterkaffee

Die perfekte Mahlung für den Filterkaffee ist gröber als die für Türkischen Kaffee und viel feiner als die Karlsbader Mahlung.

Fingerprobe: Der Kaffee fühlt sich etwas rau und leicht grob an.

French-Press und Mokka-Kanne

Um auch bei diesen beiden Zubereitungsmethoden ein perfektes Kaffeeerlebnis zu erzielen, sollte der Mahlgrad leicht unter der Karlsbader Mahlung, aber über der Filtermahlung liegen. Am besten experimentieren.

Die Überprüfung der Bohnenqualität/Fehler nach Prof. Edelbauer

Professor Edelbauer hat sein ganzes Leben der Kaffeebohne gewidmet. Als Gründer des ersten österreichischen Instituts für Kaffee hat er die Ausbildung von Kaffeesommeliers und -experten unter wissenschaftlichen Aspekten und Methoden vorangetrieben und dabei hohe Standards eingeführt. Einer dieser Standards ist die Überprüfung der Kaffeebohnenqualität.

Von großer Bedeutung für den Geschmack des Kaffees ist die Qualität der Rohkaffeebohnen. Hierbei werden Stichproben aus verschiedenen Säcken der gleichen Ernte genommen. Diese Proben werden vermischt und zusammengelegt. Danach folgt eine unter anderem optische Fehlersuche nach folgenden Kriterien:

- **Farbe** – Frische Bohnen haben einen grünlichen, satten Farbton. Ältere Bohnen hingegen werden blasser und erscheinen oft in einem gelblichen bis leicht braunen Farbton.
- **Beschaffenheit der Bohnenmasse** – Mit einem Messer werden die Bohnen zerteilt. Je älter die Bohnen sind, umso spröder sind sie und umso schlechter lassen sie sich schneiden.
- **Form der Bohnen** – Hier wird die Gleichmäßigkeit der Bohnenformen kontrolliert.
- **Beschaffenheit des Schlitzes** – Der Schlitz in der Mitte der Bohnen sollte relativ geschlossen sein. Ist der Schlitz geöffnet, dringt beim Röstvorgang die Hitze viel schneller ein und die Bohne ist früher geröstet als Bohnen mit geschlossenem Schlitz.
- **Verunreinigungen** – Häufig findet man Steine, Äste, Maiskörner oder andere Verunreinigungen. Der Grad der Verschmutzung sollte so gering wie möglich sein. Auch sehr wertvolle Edelsteine wurden bereits in Rohkaffeebohnensäcken gefunden.
- **Bruchbohnen** – Diese Bohnen wurden während des Schälvorgangs beschädigt oder weisen eine Deformierung auf.
- **Schwarze oder verfärbte Bohnen** – Hier liegt eine Überfermentierung der Bohnen vor. Das bedeutet, dass der Fermentationsprozess nicht rechtzeitig abgebrochen wurde. Diese Bohnen werden auch als sogenannte »Stinkerbohnen« bezeichnet und können ganze Kaffeechargen beeinträchtigen.

- **Löchrige Bohnen** – Der Kaffeewurzelbohrer bohrt Bohnen an und legt seine Eier darin ab. Die Larven fressen die Bohnen von innen auf. Diese kleinen Löcher sind mit dem Auge leicht zu erkennen.
- **Größe der Bohnen** – Die Größe der Kaffeebohnen wird mit Siebgrößen angegeben, das heißt, die Größe der Löcher in einem Kaffeesieb bezeichnet die Größe und somit die Qualität der Kaffeebohnen; die Bezeichnungen der Sieblöcher werden in Bruchzahlen von 1/64 Zoll-Einheiten beschrieben, wobei die Zahl dem Zähler des Bruches entspricht. Beispielsweise bedeutet die Siebgröße 19 demnach 19/64 Zoll. Umgerechnet bedeutet dies, dass die Bohnen der Größenklasse 19 bei einem Sieb mit der Lochgröße 7,54 Millimeter nicht durchfallen.
- **Feuchtigkeitsgehalt** – Dieser soll zwischen 11 und 15 Prozent liegen. Sind die Rohkaffeebohnen zu feucht, beginnen sie zu schimmeln.

Kaffeebohnenhändler oder Kaffeeröster, die nach dieser Methode die Rohkaffeebohnen bewerten, können sich ein gutes Bild über die Qualität der Ernte machen und so den bestmöglichen Preis erzielen, denn die Qualität der Rohkaffeebohne ist für den Geschmack des Kaffees in der Tasse maßgeblich mitverantwortlich. Zu viele fehlerhafte Bohnen oder Bohnen mit einer zu hohen Feuchtigkeit tragen zu einer erheblichen Minderung der Qualität des Endproduktes bei. Das Wissen über diese Bewertungsmethode hat schon viele Kaffeeröster vor den Ruin bewahrt.

Schauen Sie sich Ihre Kaffeebohnen an

Es ist sehr wichtig, dass Sie als Konsument die Qualität der fertig gerösteten Bohnen prüfen. Schütten Sie hierfür 200–300 Gramm Kaffeebohnen auf ein weißes Blatt Papier. Wenn Sie nach der Kontrolle das Papier leicht knicken, können Sie den Kaffee problemlos wieder zurück in die Tüte geben. Achten Sie auf die folgenden Kriterien:

- **Farbton** – Das Farbbild aller Bohnen sollte gleichmäßig und einheitlich sein.
- **Verbrannte Bohnen** – Sie erkennen sofort, ob Bohnen kohlrabenschwarz und somit verbrannt sind. Diese Bohnen enthalten eine hohe Anzahl an Acrylamid und sind somit gesundheitsschädlich.
- **Bruchbohnen** – Finden Sie eine hohe Anzahl an zerbrochenen Bohnen, so vermindert dies die Qualität. Zu viele Bruchbohnen geben oft einen Hinweis auf minderwertige Qualität und zeugen von unsachgemäßer Behandlung beim Transport oder der Ernte.
- **Löchrige Bohnen** – Wie schon beschrieben, hat hier der Kaffeewurzelbohrer sein Unwesen getrieben – die Bohnen sind dennoch genießbar.
- **Ölige/feuchte Bohnen** – Finden Sie eine hohe Anzahl an nassen Bohnen, so ist dies ein Zeichen dafür, dass diese zu schnell geröstet wurden.
- **Ohren** – Diese Bohnen sind innen hohl, das heißt, man findet nur eine Hülle wieder, die sogenannten Ohren. Die Ohren entstehen meist beim Schälen der Bohnen

Zu viele Bruchbohnen wirken sich sehr negativ auf den Geschmack des Kaffees aus.

Bohnen, die zu dunkel geröstet oder verbrannt sind, enthalten viel Acrylamit.

oder sind allgemein beschädigt oder deformiert und vermindern das Kaffeearoma.

- **Verschmutzung** – Manchmal findet man sehr kleine Steine zwischen den fertig gerösteten Kaffeebohnen. Diese Steine zerstören Ihr Mahlwerk. Auch Holzstücke, Erdklumpen oder Metallteile wurden bereits in Kaffeeverpackungen gefunden.
- **»100 % Arabica«** – Wenn auf Verpackungen diese Angabe zu lesen ist, so dürfen wirklich nur 100 Prozent Arabica-Bohnen vorhanden sein. Vergleichen Sie dazu die Bohnen nach Form und Schnitt (siehe Seite 34). Es ist selbst für Fachleute manchmal nicht so einfach, Arabica- von Robusta-Bohnen zu unterscheiden.
- **Bohnen mit Pergamenthaut** – Beim Röstvorgang löst sich diese Haut normalerweise ab. Es kann allerdings vorkommen, dass sie nicht ganz abspringt und Bohnen mit Pergamenthaut in der Verpackung landen. Man erkennt sie an einem gelblich braunen Farbton. Zudem ist sie sehr hart.

Es ist normal, dass sich Bruchbohnen, Bohnen mit Ohren usw. in der Verpackung befinden. Es kommt jedoch auf das Gesamtbild an. Wenn beispielsweise 40 Prozent der Bohnen verbrannt oder brüchig sind, ist eine Beanstandung beim Hersteller durchaus angebracht. Es kann auch vorkommen, dass einzelne Bohnen leicht »schwitzen«. Auch das ist kein Problem, solange es nicht zu viele sind.

Es gibt verschiedene Bewertungskataloge, in denen Punkte für Fehler vergeben werden. Meine eigene Bewertung möchte ich Ihnen im Folgenden vorstellen.

Der Beurteilungskatalog nach Traxl

Untersuchen Sie 200 Gramm Bohnen eines sortenreinen Kaffees. Summieren Sie folgende Fehlerpunkte und ziehen Sie am Ende diese Summe von der Zahl 20 ab. Kommt eine Negativzahl (wie –10 heraus), ist der Kaffee nicht von allerhöchster Qualität.

- je schwarze Bohne: 1 Punkt
- Bruchbohnen: 10 Teile = 2 Punkte
- Steine oder andere Verunreinigungen: 10 Punkte
- Bohnen in einer Hülse: 2 Punkte
- Bohnen ohne Inhalt (Ohren): 3 Punkte
- unterschiedliches Farbbild der Bohnen: 5 Punkte
- je ölige/nasse Bohne: 1 Punkt
- je Bohnenschale: 0,5 Punkte

Ohren beeinflussen den Kaffeegeschmack negativ.

Die einzelnen Punkte pro Fehler werden je nach Geschmacksbeeinträchtigungsfaktor vergeben. Eine Ausnahme stellen Verunreinigungen dar: Da diese Ihre Mühle oder Kaffeemaschine beschädigen können, wurde hier eine sehr hohe Punktzahl festgelegt.

So oder ähnlich können Bohnen aussehen, die der Kaffeekirschenbohrer angebohrt hat.

Die sensorische Bewertung

Eine zweite Möglichkeit, Ihren Kaffee zu beurteilen, ist nach dessen Geschmack. Dieses sogenannte Cupping wird immer beliebter, meist werden Cuppings in Röstereien angeboten, wenn beispielsweise eine neue Kaffeesorte in das Programm aufgenommen werden soll oder eine neue Röstung getestet wird. Kaffeeverkostungen kann jeder machen, man sollte dabei aber einiges beachten. Damit einheitliche Bewertungskriterien verwendet werden, wurden beispielsweise von der Specialty Coffee Association of America (SCAA) Bewertungsrichtlinien herausgegeben. Wenn Sie ein Cupping durchführen oder daran teilnehmen, sollten Lebensmittel, die den Geschmacks- und Geruchssinn beeinträchtigen, unbedingt vermieden werden. Verzichten Sie also auf Essen oder andere Getränke außer Wasser während der Cuppings.

Cupping

Sie können auch zu Hause ein Cupping durchführen. Es empfiehlt sich, nicht zu viele Kaffeesorten auf einmal zu testen. Fünf verschiedene Kaffeesorten oder -röstungen sind die optimale Verkostungseinheit. Zunge und Gaumen sind schnell überfordert, was zu einer Verfälschung des Ergebnisses führen kann. Nachstehend finden Sie eine Cupping-Anleitung, die für jede Kaffeesorte einzeln durchgeführt werden sollte. So haben Sie schließlich mehrere Tassen Kaffee vor sich stehen, die Sie einzeln testen und miteinander vergleichen können. Bevor Sie die nächste Tasse Kaffee verkosten, sollten Sie unbedingt den Löffel reinigen, damit die Aromen nicht vermischt werden. Trinken Sie ab und zu Wasser und verkosten Sie nicht zu viel auf einmal – legen Sie eine Pause ein. Geben Sie keinen Zucker, keine Milch oder andere Zusätze in den Kaffee.

Das benötigt man für ein professionelles Cupping:

- Kaffeebohnen
- Kaffeemühle (mein Tipp: Handmühle)
- Teller
- Kaffeemaschine (mein Tipp: Karlsbader Kaffeekanne, wegen des unverfälschten Geschmacks durch den Keramikfilter)
- mehrere Tassen (à 250 ml)
- Löffel (einen für jede Sorte, die getestet wird)
- Bewertungsblatt; meine Empfehlung: Cuppingprotokoll der SCAA (Specialty Coffee Association of America) verwenden; Aroma, Geschmack, Abgang, Fruchtsäure, Körper, Balance, Gleichmäßigkeit, Klarheit, Süße, Gesamteindruck und Defekte werden nach dem SCAA-Protokoll bewertet.

Cupping mit der Karlsbader Kaffeekanne

1. Zunächst werden die Kaffeebohnen frisch gemahlen – am besten mit einer Handmühle, um die Aromen bestmöglich zu erhalten. Verwenden Sie immer den gleichen Mahlgrad. Geben Sie den Kaffee anschließend auf einen Teller. Riechen Sie am gemahlenen Kaffee und beurteilen Sie den Duft.
2. Geben Sie nun den Kaffee einer Sorte in die Karlsbader Kanne und gießen Sie ihn mit Wasser auf. Nachdem der Kaffee durchgelaufen ist, füllen Sie ihn in eine Tassen und riechen ein weiteres Mal. Bewerten Sie die Duftnote.
3. Ist der Kaffee etwas abgekühlt, nehmen Sie einen Löffel, füllen ihn mit Kaffee und schlürfen (!) ganz laut. Durch das Schlürfen werden die Aromastoffe besser verteilt und wahrgenommen. Beurteilen Sie Geschmack, Säure, Aroma, Körper

und Abgang und notieren Sie alles auf Ihrem Bewertungsblatt.

Man kann auch jede andere Filtermethode verwenden. Wichtig ist jedoch, dass die Vergleichbarkeit gewährleistet ist. Sollten Sie keine Karlsbader Kanne oder eine andere Filtermaschine zu Hause haben, empfiehlt es sich, die folgende Methode mit dem Wasseraufguss zu verwenden.

Cupping mit Wasseraufguss

1. Mahlen Sie die Kaffeebohnen zu Kaffeestaub und geben Sie 12 Gramm in jede Tasse. Riechen Sie nun am frisch gemahlenen Kaffee und bewerten Sie den Geruch.
2. Füllen Sie die Tasse anschließend mit 80 Grad Celsius heißem Wasser auf. Rühren Sie nach 4 Minuten nochmals um und riechen Sie erneut am Kaffee. Meistens können neue Aromen wahrgenommen werden.
3. Tragen Sie Kaffeepulverreste, die an der Oberfläche schwimmen, ab. Nach 15 Minuten ist der Kaffee bereit zur Verkostung. Nehmen Sie mit dem Löffel den Kaffee auf und verteilen Sie ihn durch kräftiges Ansaugen im Mund und bewegen Sie ihn ständig hin und her. Bewerten Sie ihn erneut hinsichtlich Geschmack, Säure, Aroma, Körper und Abgang.

Hochwertigen Kaffee erkennt man an einem aromatischen Körper und einem guten angenehmen Abgang. Man hat einen sehr lang anhaltenden Kaffeegeschmack im Mund. Es gibt auch Kaffeesorten, die sehr scharf, bitter und manchmal auch erdig schmecken. Es ist immer wieder faszinierend, welche Geschmacksnuancen wahrgenommen werden. So kann es vorkommen, dass der gleiche Kaffee für einen Menschen nach Schokolade schmeckt, während ein anderer Haselnuss wahrnehmen kann. Diese Geschmacksunterschiede machen Kaffeeverkostungen so spannend. Es empfiehlt sich, immer wieder neue Kaffeesorten und Röstungen auszuprobieren und seinen Kaffeehorizont zu erweitern.

»Minderwertiger« Kaffee schmeckt häufig sehr sauer, oft sehr bitter und hat einen brennenden oder scharfen Abgang. Meist wird Zucker oder Milch verwendet, um diese Geschmacksdifferenzen zu beseitigen. Dies mag an der Bohne selbst, am falschen Röstvorgang oder an der unsachgemäßen Zubereitung liegen. Meist vermischen sich diese Faktoren und das Ergebnis ist ein Kaffee für den Gully.

Cupping wird immer beliebter. Es ist darauf zu achten, dass man immer mit den gleichen Kriterien frisch zubereiteten Kaffee beurteilt. Die SCAA hat einen guten Katalog dazu herausgebracht.

Entkoffeinierter Kaffee

Viele Menschen bevorzugen entkoffeinierten Kaffee. Der Mythos Koffein sei schädlich, hält sich beharrlich, doch wie fast überall macht auch hier die Dosis das Gift. Wie gesagt: Fünf Tassen Kaffee pro Tag sind für einen gesunden Körper kein Problem, zehn hingegen sind bereits zu viel und es können leichte Vergiftungserscheinungen wie Herzrasen, Durchfall oder Übelkeit auftreten. Ab wie viel Tassen der Kaffee wirklich schädlich ist, hängt von vielen Faktoren ab, darunter auch das Körpergewicht des Kaffeekonsumenten.

Es gibt verschiedene Methoden, wie man Koffein aus der Kaffeebohne herauslösen kann, sehr häufig wird dazu das Lösungsmittel **Dichlormethan** verwendet. Dichlormethan steht im Verdacht, krebserregend zu sein, es wird unter anderem in der Industrie zum Lösen von Harzen und Kunststoffen benutzt.

Eine weitere Methode ist das Entkoffeinieren mit **Ethylacetat** (natürliche chemische Verbindung von Essigsäure und Ethanol). Mit diesem Lösungsmittel können fast 100 Prozent des Koffeingehalts herausgelöst werden. Kaffee, der mit Ethylacetat entkoffeiniert wurde, wird oft als »natürlich entkoffeinierter Kaffee« bezeichnet.

Ein weiteres Verfahren ist der **Schweizer-Wasser-Prozess,** der 1970 entwickelt wurde. Hier wird auf Chemie verzichtet, dafür ist die Methode sehr aufwendig. Es wird sehr viel Wasser verbraucht. Die Kaffeebohnen werden so lange mit heißem Wasser behandelt, bis sich alle festen Bestandteile sowie das Koffein herausgelöst haben. Das Wassergemisch wird anschließend über einem Aktivkohlefiltersystem so lange gefiltert, bis die Koffeinmoleküle vollkommen entfernt wurden. Das Wasser ist nun frei von Koffein, aber mit Kaffeebestandteilen angereichert. Die Bohnen werden entsorgt. Dem koffeinfreien Wasser werden in einem Filtergerät neue Kaffeebohnen zugegeben. Da das Wasser bereits mit gelösten Kaffeebestandteilen angereichert ist, wird diesmal nur das Koffein gelöst und die anderen geschmacksbestimmenden Inhaltsstoffe der Kaffeebohnen bleiben erhalten. Der Prozess wird so lange wiederholt, bis 99,9 Prozent des Koffeins entfernt sind. Danach werden die Bohnen getrocknet, verpackt oder gemahlen. Ein großer Nachteil dieses Verfahrens sind die hohen Kosten, die große Wassermenge, die verbraucht wird, und dass viele Bohnen vernichtet werden müssen.

Koffein in koffeinfreiem Kaffee?

Entkoffeinierter Kaffee darf in der EU nur maximal 0,1 Prozent Koffein aufweisen.

Beim **Triglycerid-Verfahren** werden Rohkaffeebohnen mit einem heißen Gemisch aus Wasser und Kaffee behandelt. Die Bohnen werden viele Stunden in heißen Kaffeeölen (die Triglycerid enthalten) »gekocht«. Bei dieser Methode wandert das Koffein aus dem Inneren der Bohne an die Oberfläche. Fast alle Aromastoffe bleiben erhalten. Zum Schluss werden die Rohkaffeebohnen entfettet und getrocknet.

Beim **CO_2-Verfahren** werden die Bohnen mit Wasserdampf vorbehandelt. Danach wird Kohlenstoffdioxid (CO_2) mit einem Druck von bis zu 300 bar durch die Bohnen gepresst, dabei löst sich das Koffein. Am Ende des Verfahrens wird das CO_2 verdampft und übrig bleibt reines Koffein, das von den Unternehmen häufig weiterverkauft wird, beispielsweise an Pharmaunternehmen. Das CO_2 wird meist wiederverwendet.

Ein weiteres Verfahren wurde zwischen 1903 und 1905 von Ludwig Roselius entwickelt und von ihm auch patentrechtlich geschützt. Er glaubte, sein verstorbener Vater würde sich mit Koffein vergiften, das er durch den regelmäßigen und häufigen Kaffeekonsum zu sich nahm. Angespornt durch diesen Verdacht, suchte er fieberhaft nach einer Methode, wie er das Koffein aus den Bohnen bekommen könnte. Und er wurde fündig. Bei der nach ihm benannten **Roselius-Methode** werden die Bohnen in Salzwasser eingelegt. Als Lösungsmittel verwendete Roselius Benzol. Da Benzol giftig und auch krebserregend ist, wird dieses Verfahren heute nicht mehr angewandt.

Welche Methode nun gesünder oder besser verträglich ist, muss jeder für sich entscheiden. Es versteht sich aber von selbst, dass durch den Entkoffeinierungsprozess immer Aroma- und Geschmacksstoffe verloren gehen, zudem leidet die Haltbarkeit der Kaffeebohnen unter diesen Verfahren.

Löslicher Kaffee und Instantkaffee

Löslicher Kaffee bewegt die Gemüter. Zum einen scheiden sich die Geister, wer diesen Kaffee wirklich erfunden hat. Angeblich wurde er im Jahre 1890 vom Neuseeländer David Strang patentiert. Doch einige Quellen nennen den japanischen Wissenschaftler Satori Kato als Erfinder des löslichen Kaffees.

Zur Herstellung von Instantkaffee dürfen nur echte Kaffeebohnen und nicht Kaffeeersatz wie Zichorien oder Getreide verwendet werden. Zudem muss der Kaffee rein sein, das heißt, es dürfen keine Zusatzstoffe beigemengt werden. 100 Prozent Arabica-Bohnen findet man bei Instantkaffee sehr selten, bevorzugt von den Herstellern werden Arabica/Robusta-Mischungen. Die Bohnen werden meist etwas dunkler geröstet und danach sehr grob gemahlen (auf 1,9–2,3 Millimeter). Später kommt das Mahlgut in Extraktionsanlagen. Bei rund 200 Grad Celsius werden die löslichen Bestandteile des Kaffees mit reinem Wasser herausgearbeitet beziehungsweise herausgepresst. Die dabei entstandene Flüssigkeit wird als Kaffeeextrakt bezeichnet und wird nun weiterverarbeitet. Zuerst kommt der Extrakt in Eindampfanlagen, anschließend wird es getrocknet. Bei der Trocknung unterscheidet man Gefrier- und Sprühtrocknung. Bei der Gefriertrocknung wird der Kaffeeextrakt bei etwa minus 45 Grad Celsius schockgefroren. Nun wird der gefrorene Extrakt zerkleinert und in einem Vakuum langsam erwärmt, wobei das Wasser verdampft. Übrig bleibt der lösliche Kaffee. Bei der Sprühtrocknung wird der Kaffeeextrakt mittels Druck durch ganz feine Düsen in eine Trockenkammer gepresst und dort mit sehr heißer Luft getrocknet. Nachdem das Wasser verdampft ist, bleibt ein sehr feines Pulver übrig.

Während des Ersten Weltkriegs war Instantkaffee unter den Soldaten sehr verbreitet. Die schnelle und einfache Zubereitung war hierfür entscheidend, der Geschmack war angeblich noch sehr verbesserungswürdig. 1938 verbesserte der Schweizer Konzern Nescafé das Aroma um ein Vielfaches. Durch die Soldaten im Zweiten Weltkrieg verbreitete sich diese Form der Kaffeezubereitung rasch und fand eine große Fangemeinde, die bis heute noch anhält.

Löslichen Kaffee gibt es in verschiedenen Variationen. Als Espresso, Cappuccino, Caffè Latte oder auch entkoffeiniert ist dieser Kaffee in vielen Haushalten zu finden. Zudem wird er auch in vorportionierten Sticks angeboten.

Löslicher Kaffee hat in den USA eine große Fangemeinde. In Europa hingegen bevorzugt man frisch gebrühten Kaffee.

Instantkaffee hat weniger Koffein als normaler Kaffee, schmeckt flüssig und eher leicht.

Zubereitet wird er folgendermaßen: Zuerst muss das Wasser in einem Wasserkocher oder Topf zum Kochen gebracht werden. Je nach persönlicher Vorliebe gibt man einen leicht gehäuften Teelöffel löslichen Kaffee in die Tasse. Nun gibt man etwa einen Teelöffel kaltes Wasser dazu – gerade so viel, um den Instantkaffee zu befeuchten. Auch Zucker kann jetzt hinzugefügt werden. Nun wird der Brei an den Rand der Tasse gedrückt und mit 80–85 Grad Celsius heißem Wasser aufgegossen und umgerührt. Achtung: Kochendes Wasser kann das Granulat verbrühen und der Instantkaffee kann dann bitter schmecken.

Erhältlich ist Instantkaffee als Pulver (meist sprühgetrocknet) oder als Granulat (gefriergetrocknet), man kann einen sehr großen Geschmacksunterschied zwischen diesen beiden Methoden feststellen. Hier muss jeder selbst probieren, welcher besser schmeckt.

Instantkaffee wird auch sehr gerne zum Kochen verwendet. Tiramisu, Frappé, Kaffee-Nuss-Gugelhupf, Kaffee-Eis sind nur einige wenige Beispiele, wie man löslichen Kaffee auch verarbeiten kann.

Ist Instantkaffee gesundheitsschädlich?

Der große Nachteil des Instantkaffees ist der **hohe Acrylamidwert**. Acrylamid steht im Verdacht, das Erbgut zu verändern und krebserregend zu sein. Laut Bundesamt für Verbraucherschutz und Lebensmittelsicherheit ist der Acrylamid-Richtwert für löslichen Kaffee mehr als doppelt so hoch wie bei Röstkaffee. Der Richtwert gilt EU-weit.

Instantkaffee kann man heute in allen Supermärkten kaufen. Hier steht eine große Auswahl an verschiedenen Produkten zur Verfügung. Gerne wird löslicher Kaffee mit Kardamom, Zimt, Vanilleextrakt, Kakao oder auch mit Nelken verfeinert. Der Fantasie sind hier keine Grenzen gesetzt.

Die Lagerung von Kaffee

Feuchtigkeit ist der größte Feind des Kaffees. Sie vermindert die Haltbarkeit, das Aroma und kann zu Schimmelbildung führen. Lagern Sie Kaffee daher nie im Kühlschrank, Tiefkühlschrank oder an anderen feuchten Orten wie im Erdkeller. Kaffee ist lichtempfindlich und sollte nicht in Einmachgläser oder durchsichtige Plastikboxen gefüllt in die offene Küche gestellt werden. Auch wenn Sie den Kaffee in eine lichtgeschützte, metallene Kaffeedose umgefüllt haben, sollten Sie ihn nicht direkt in der Sonne lagern; durch die Hitzeeinwirkung verliert der Kaffee sehr schnell sein gutes Aroma. Da Kaffee zudem sehr schnell andere Aromen annimmt, sollte er nicht neben Produkten gelagert werden, die starke Düfte abgeben wie Knoblauch, Käse, Zwiebeln oder auch Fisch. Wichtig ist auch der Faktor Zeit, verbrauchen Sie Kaffee so schnell wie möglich. Nach einem Jahr Lagerung ist ein großer Geschmacksunterschied zu erkennen.

Der Mythos vom Kaffee im Kühlschrank

Viele Menschen lagern ihren Kaffee im Kühlschrank, da sie denken, dort ist er luft- und lichtgeschützt gut aufgehoben. Doch das ist ein Trugschluss. Im Kühlschrank lagern Lebensmittel wie Käse, Salami, Knoblauch oder Bratenreste, deren Gerüche in den Kaffee einziehen, der dann irgendwann beispielsweise leicht nach Wurst schmeckt. Zudem ist es im Kühlschrank durch das Kondenswasser, das sich dort bildet, tendenziell feucht. Der Kühlschrank ist also eine Todeszone für Ihren Kaffee! Frieren Sie Ihren Kaffee auch nicht ein. Tiefgekühlter Kaffee verliert sein Aroma und schränkt die Haltbarkeit sehr stark ein.

Wie wird nun Kaffee richtig gelagert? Am sinnvollsten lagern Sie Kaffee an einem kühlen, trockenen Ort, am besten in einem dunklen Schrank. Lassen Sie Ihren Kaffee in der Originalverpackung und verschließen Sie diese mit einem Gummi- oder Klebeband, so bleibt der Kaffee lange frisch und gibt wenig Aroma ab. Einige Röstereien verwenden auch wiederverschließbare Verpackungen. Halten Sie nach diesen Ausschau.

Beim Kaffee ist weniger mehr!

Kaffee verliert sofort nach der Röstung sein Aroma, ganz gleich wie gut die Verpackung ist. Gemahlener Kaffee verliert sein gutes Aroma schneller als ganze Bohnen. Mein Tipp: Kaufen Sie kleine Mengen und mahlen Sie immer frisch.

Hier eine kleine Zusammenfassung in einer Übersicht:

- Kaufen Sie nur ganze Bohnen.
- Mahlen Sie immer frisch.

- Verbrauchen Sie den Kaffee rasch.
- Stellen Sie Kaffee nicht ans Fenster, Sonneneinstrahlung ist zu vermeiden!
- Lagern Sie Kaffee an einem kühlen und trockenen Ort.
- Verschließen Sie die Kaffeeverpackung gut.
- Lagern Sie Kaffee nicht in Einmachgläsern, Gläsern oder durchsichtigen Plastikboxen.
- Halten Sie Hitze, Feuchtigkeit und Sauerstoff von Kaffee fern.
- Bewahren Sie Kaffee vor Fremdgerüchen.

Grüne Rohkaffeebohnen sollten wie geröstete Bohnen an einem trockenen, kühlen und dunklen Ort gelagert werden. Wichtig ist auch hier, dass sie vor Fremdgerüchen geschützt werden. Lagerräume oder auch Transportcontainer müssen vor Schädlingen wie Ratten, Mäusen oder auch Schaben abgesichert werden. Rohkaffee kann ohne Probleme über mehrere Jahre eingelagert werden, ohne dabei schlecht zu werden.

Die Auswirkung der Wasserqualität auf den Geschmack

Da unser Kaffee zu einem sehr großen Teil – zu fast 98 Prozent – aus Wasser besteht, hat die Wasserqualität eine sehr große Auswirkung auf den Geschmack und auf die Lebensdauer der Kaffeezubereitungsmaschine. Wasserhärte und pH-Wert sind die beiden entscheidenden Parameter, die zu beachten sind.

> **Mein Tipp**
> Für die Kaffeezubereitung sollte nur frisches und sauberes Wasser verwendet werden. Verwenden Sie kein chlorhaltiges Wasser für Ihren Kaffee!

Die Wasserhärte

Der Härtegrad des Wassers wird vor allem durch Kalzium, Magnesium und die Bodenbeschaffenheit beeinflusst. Je höher die Anteile der Kalzium- und Magnesiumionen sind, umso härter ist auch das Wasser. Der **ideale Härtegrad** für Ihren Kaffee liegt zwischen 8 und 14 dH (dH = deutscher Härtegrad). Als Faustregel gilt: Je härter das Wasser ist, umso mehr Kalkablagerungen bilden sich in den Kaffeezubereitungsgeräten.

Wasser für den Kaffee soll viele Mineralien beinhalten, reich an Sauerstoff und vor allem sehr frisch sein. Mineralien sind ein zusätzlicher Geschmacksträger und gesund für den Körper. Wasser für den Kaffee sollte man grundsätzlich nicht abkochen, da dadurch viele Mineralstoffe verloren gehen.

So können Sie Ihr Wasser enthärten

Es gibt viele Wege, um Wasser zu enthärten. Ein paar davon möchte ich Ihnen im Folgenden vorstellen. Wasserentkalkungsanlagen oder Wasserenthärtungsanlagen bewirken eine Reduzierung der Gesamthärte des Wassers. Aus hartem Wasser wird weiches Wasser gemacht, was dazu führt, dass sich weniger Kalkablagerungen an den Leitungen und Teilen der Kaffeemaschine festsetzen. Viele Unternehmen bieten auch Entkalkungssets oder einzelne Entkalkungstabletten an. Achtung: Füllen Sie niemals Essig in den Wassertankbehälter Ihrer Kaffeemaschine.

Leitungswasser sollte normalerweise nicht enthärtet werden. Kalzium und Magnesium sind die beiden Härtebildner, die aber für den Menschen sehr wichtig und für den Geschmack des Wassers entscheidend sind. Um die Veraltung der Kaffeezubereitungsmaschine durch zu hartes Wasser zu verhindern, sollten Sie schlichtweg regelmäßig entkalken.

Entscheiden Sie sich dennoch für einen Wasserenthärter, gibt es verschiedene Filtermöglichkeiten.

Wasserfilter

Kannenfilter oder auch Tischfilter bestehen aus einem Wasserbehälter und einem Filter. Das Wasser wird durch den Aktivkohle-Filter in die Kanne gefüllt und läuft über die Granulate im Filter in den Wasserkessel. Diese Methode ist sehr effektiv und wird von vielen Menschen angewandt. Zu beachten ist jedoch, dass der Filter oder die Filterpatrone ausgetauscht werden muss und dass mit der Zeit die Filterleistung immer mehr nachlässt.

Umkehrosmose-Wasserfilter

Diese Methode ist eine Kombination aus verschiedenen Modellen. Wasser läuft durch einen Sedimentfilter, wo grobe Stoffe wie Schlamm und Schmutz entfernt werden. Danach kommt der Aktivkohlefilter, hier werden Staub und Schwermetalle abgefangen. Bei der Umkehrosmose strömt Wasser so lange durch verschiedene Membrane, bis ein Konzentrationsausgleich stattgefunden hat. Die Strömrichtung des Wassers sowie der hohe Druck sind hier entscheidend. Fast 100 Prozent an Schadstoffen, Geschmacksstoffen und Geruchsstoffen werden bei dieser Methode entfernt.

Destillation

Destilliertes Wasser ist frei von organischen Stoffen und Salzen. Beim Destillierverfahren wird Wasser erhitzt, bis es verdampft, und wieder abkühlt, bis es seine flüssige Form erreicht hat. Wasser kann auch mehr als nur einmal destilliert werden. Grundsätzlich kann man mit destilliertem Wasser Kaffee zubereiten. Jedoch sollte man beachten, dass destilliertes Wasser frei von Salzen und Mineralstoffen ist und daher sehr langweilig schmeckt. Dieser langweilige Geschmack beeinflusst den Geschmack und das Aroma des Kaffees. Es gibt jedoch Menschen, die Kaffee mit destilliertem Wasser bevorzugen.

Ionentauscher

Hier fließt das Wasser durch eine Anlage, die Magnesium- und Kalziumionen an sich bindet und durch Natriumionen ersetzt. Es werden positive Ionen mit Hydroxidionen getauscht. Die Ionen werden gebunden und es werden nur Natriumionen an das Wasser abgegeben. Das Ergebnis ist ein sehr weiches Wasser. Bei vielen Anlagen ist der Härtegrad 0, daher kommt es vor, dass dieses Wasser wieder mit normalem Leitungswasser vermischt wird.

Der pH-Wert des Wassers

Wesentlich mehr Einfluss auf den Kaffeegeschmack hat der pH-Wert des Wassers. Der pH-Wert zeigt an, wie sauer oder alkalisch das Wasser ist. Die Bodenbeschaffenheit sowie Salze und bestimmte Mineralstoffe erhöhen oder senken den pH-Wert.

Ein pH-Wert um 7 ist für einen perfekten Kaffee genau richtig. 7 bedeutet, dass der ph-Wert des Wassers neutral ist.

Zum Vergleich:

pH-Wert 1 bedeutet »sehr sauer« = Batteriesäure

pH-Wert 7 bedeutet »neutral« = reines Wasser

pH-Wert 14 bedeutet »sehr basisch« = Natronlauge

Ist der pH-Wert des Wassers kleiner als 7, also sauer, kann es bei bestimmten Kaffeesorten und -röstungen vorkommen, dass der Säuregeschmack mehr betont und der Kaffee als etwas saurer empfunden wird.

Informieren Sie sich über den Härtegrad und pH-Wert Ihres Wassers. Nur so können Sie darauf reagieren und die Qualität des Kaffees noch verbessern. Fragen Sie beispielsweise beim nächsten Wasserwerk oder im Stadt- oder Gemeindeamt Ihrer Wohngegend nach. Ist der **pH-Wert unter 7**, kaufen Sie besser Kaffee mit wenig Säure. Brasilien Santos ist hier beispielsweise sehr zu empfehlen. Liegt **der pH-Wert über 7**, also im basischen Bereich, hat dies wiederum eine negative Auswirkung auf den Geschmack Ihres Kaffees. Die Säure des Kaffees wird aufgehoben und er wird seines runden, angenehmen Geschmacks beraubt.

Kann man Mineralwasser für den Kaffee verwenden?

Einige Menschen verwenden tatsächlich Mineralwasser für ihren Kaffee. Wenn Sie dies ebenfalls ausprobieren möchten, sollten Sie natürliches Mineralwasser nehmen, das reich an Mineralstoffen und ohne Kohlensäure ist. Achten Sie auch hier auf den pH-Wert und den Härtegrad.

DIE VIELFALT der Kaffeezubereitung

Die vielen Zubereitungsmethoden von Kaffee

Der Geschmack des Kaffees hängt weitgehend mit der Zubereitungsmethode zusammen – wobei ich anmerken möchte, dass es keine schlechte oder gute Methode gibt. Jede Methode arbeitet anders und hat bestimmte Vor- und Nachteile. Welche Zubereitungsmethode jemand bevorzugt, hängt sehr stark mit dessen persönlichen Vorlieben zusammen: Der eine bevorzugt Espresso, der andere Filterkaffee, wiederum jemand anderes mag Kaffee aus der Mocca-Kanne oder der French-Press. Wichtig bei den verschiedenen Zubereitungsarten ist die richtige Handhabung der Geräte, der perfekte Mahlgrad, die Wassertemperatur und gegebenenfalls der passende Druck.

> **Mein Tipp**
> Beschäftigen Sie sich mit den verschiedenen Zubereitungsmethoden und versuchen Sie, mit verschiedenen Methoden zubereiteten Kaffee zu verkosten. Verwenden Sie dabei immer Bohnen aus dem gleichen Anbaugebiet, um einen exakten Vergleich zu haben. Sie werden unglaubliche Geschmacksunterschiede feststellen und eine große Aromavielfalt kennenlernen.

Eine grobe Unterscheidung kann in Verfahren mit Druck und Verfahren ohne Druck getroffen werden. **Druckverfahren** sind: Mokkakanne, Espressomaschine, Handhebelgeräte, Vollautomaten, Kapselgeräte oder auch Geräte für Kaffeepads. **Drucklose Verfahren** sind: Karlsbader Kanne, French-Press, Türkischer Kaffee, Kaffee mit Stofffilter, Air-Press, Chemex, Cold Brew, Handfilter Hario V60 oder klassische Filtermaschinen.

> **Mein Tipp**
> Egal, welche Zubereitungsmethode Sie wählen, wärmen Sie Tassen immer mit heißen Wasser vor, so bleibt der Kaffee länger warm.

Die Karlsbader Kaffeekanne

> **Überblick**
>
> **Zubereitungszeit:** 3–5 Minuten
> **Mahlgrad:** grob (bis etwa 1,3 Millimeter)
> **Wassertemperatur:** 80–90 Grad Celsius
> **Kaffee- und Wassermenge:** pro Tasse 100 Milliliter Wasser auf 10–16 Gramm Kaffee, je nach Geschmack. Versuchen Sie, ein für Sie perfektes Wasser/Kaffee-Mischverhältnis zu finden. Der genannte Wert dient als Richtwert und muss je nach Vorlieben angepasst werden.

Die Karlsbader Kanne ist eine Seihkanne und wird seit über 100 Jahren von der Porzellanfabrik Walküre in Bayreuth aus weißem Porzellan handgefertigt. Mit Seihkannen sind

Die Karlsbader Kanne besteht aus vier Teilen. Sie erzeugt Kaffee von allerbestem Geschmack.

Kannen gemeint, die aus mehreren Teilen bestehen und in denen der Kaffee gesiebt oder gefiltert wird. Die Karlsbader Kanne besteht aus vier Teilen und es gibt sie in den Größen 0,28 Liter, 0,38 Liter und 0,85 Liter.

Die Seihkanne ist eine der schonendsten Zubereitungsarten für hochwertigen Kaffee. Die Karlsbader Kanne hat bei zahlreichen Blindverkostungen oft den ersten Platz belegt. Da bei dieser Methode die Aromastoffe des Kaffees perfekt herausgearbeitet werden, sollten nur 100 Prozent Arabica-Bohnen verwendet werden. Robusta-Mischungen schmecken mit dieser Methode oft bitter und sehr erdig. Bei der Zubereitung benötigt man keinen Filter und auch kein Sieb, da ein Porzellanfilter in Form eines Doppelsiebs integriert ist. Dadurch sind Nebengeschmäcker ausgeschlossen. In Österreich und Deutschland genoss man bereits vor dem Ersten Weltkrieg Kaffee aus dieser Kanne. Sie erfreut sich auch heute noch großer Beliebtheit und wird in die USA und in viele andere Ländern exportiert. Über die Namensgebung ist nur wenig bekannt, man vermutet aber, dass die Karlsbader Kanne nach dem tschechischen Kurort Karlsbad benannt wurde. Die Bayreuther Kaffeemaschine ist ein neueres Produkt der Firma Walküre und funktioniert genauso wie die Kanne, sie unterscheiden sich nur optisch.

So wird der Kaffee in der Karlsbader Kaffeekanne zubereitet:

Spülen Sie die Kanne mit heißem Wasser aus und geben Sie pro Tasse 10–16 Gramm sehr grob gemahlenen Kaffee (Körnung bis zu ca. 1,3 Millimeter) direkt auf das Porzellansieb im Aufsatzbehälter. Setzen Sie nun den Wasserverteiler auf und gießen Sie etwa 80–90 Grad Celsius heißes Wasser über den Wasserverteiler ein. Verwenden Sie nicht zu viel Wasser, der Kaffee soll anfangs nur mit Wasser benetzt werden. Warten Sie etwa 20 Sekunden und gießen Sie erst dann den Rest des Wassers auf. Je nach Größe der Kanne muss dieser Vorgang zwei- bis dreimal wiederholt werden.

Der Mahlgrad ist entscheidend

Wurde der Kaffee zu fein gemahlen, läuft das Wasser in der Karlsbader Kaffeekanne zu langsam durch und Mahlgut kann in den Kaffee gelangen. Wird der Kaffee zu grob gemahlen, läuft das Wasser zu schnell durch den Filter, der Geschmack ist dann oft fad und langweilig.

Nach etwa drei bis fünf Minuten hebt sich der Aufsatzbehälter der Kanne und der Kaffee ist durchgelaufen. Nehmen Sie den Aufsatzbehälter ab und stellen Sie ihn samt Mahlgut auf einen Teller – es kommt immer noch etwas Kaffee heraus. Nun kommt der Deckel auf die Kanne und der Kaffee kann serviert werden. Achten Sie darauf, dass beim Servieren der Deckel mit einer Hand gehalten wird, denn er kann leicht in die Tasse fallen.

Vorteile: echter Kaffeegeschmack, optisch sehr schöne Zubereitungsart, all-in-one (es müssen keine Filter gekauft werden)

Nachteile: Bei falschem Mahlgrad verstopft die Kanne oder der Kaffeesatz läuft durch, leicht bruchanfällig (Porzellan), relativ hochpreisig

French-Press

Überblick

Zubereitungszeit: 3–5 Minuten
Mahlgrad: grob (bis etwa 1 Millimeter)
Kaffee- und Wassermenge: 1 Liter Wasser auf 60–70 Gramm Kaffee. Auch hier ist auf die individuellen Vorlieben Rücksicht zu nehmen.
Wassertemperatur: etwa 90 Grad Celsius

Die French-Press (Bodum-Kanne, Cafetière) zählt zu den Siebstempelmaschinen. Sie ist sehr beliebt, einfach zu bedienen und schnell zu reinigen. Da weder Filter noch Strom benötigt wird, wird diese Methode häufig auch als Studentenmethode bezeichnet. Die French-Press soll um 1800 erfunden worden sein. Damals war es üblich, den Kaffee zusammen mit dem Wasser aufzukochen. Der Le-

Die French-Press ist unter Studenten sehr beliebt.

gende nach soll ein Franzose vergessen haben, seinen Kaffee vor dem Aufkochen ins Wasser zu füllen. Weil er nicht wieder von vorne beginnen wollte, goss er einfach das heiße Wasser über den Kaffee und filterte diesen. Dies war die Geburtsstunde der French-Press. 1929 wurde die French-Press vom Italiener Attilio Calimani patentiert. Die French-Press ist auch als Bodum-Kanne bekannt. Das dänische Unternehmen Bodum (mit Hauptsitz in der Schweiz) entwickelte die French-Press weiter und ist heute einer der großen Produzenten. 0,35 Liter, 0,5 Liter, 1 Liter, 1,5 Liter sind die gängigen Größen der French-Press.

So wird der Kaffee in der French-Press zubereitet:

1. Spülen Sie die Kanne mit heißem Wasser aus. Stellen Sie den Mahlgrad Ihrer Mühle auf grob (bis ca. 1 Millimeter).
2. Geben Sie pro Liter 60–70 Gramm gemahlenen Kaffee in die Kanne und gießen Sie ihn mit etwa 85–96 Grad Celsius heißem Wasser auf. Rühren Sie um, damit der Kaffee gleichmäßig befeuchtet wird.
3. Setzen Sie nun das Oberteil auf die Kanne und lassen Sie den Kaffee 3–5 Minuten ziehen (je nach Geschmack).
4. Drücken Sie anschließend den Stempel langsam und gleichmäßig nach unten. Fertig. Mein Tipp: Drücken Sie das Sieb nie ganz durch.

Vorteile: all-in-one, einfache Handhabung, vorzüglicher Geschmack

Nachteile: Kaffee kann schnell überextrahieren (es werden zu viele Bitterstoffe und Säuren aus dem Kaffee gelöst), man kann nicht nur eine Tasse zubereiten, leicht zerbrechlich

Mokka-Kanne

Überblick

Zubereitungszeit: etwa 2–5 Minuten
Mahlgrad: fein (zwischen Espresso und Filtermahlung; sollte sich zwischen den Fingern leicht körnig anfühlen)
Kaffee- und Wassermenge: abhängig von der Größe der Kanne; Filtereinsatz immer bis zum Rand mit Kaffee auffüllen, leicht andrücken (nicht zu fest!), Wasser bis unter das Druckventil füllen (auf keinen Fall darüber!)
Hitze: leichte bis mittlere Hitze

Die Mokka-Kanne (Espressokocher, Caffettiera, Espressokanne) wurde 1933 vom Italiener Alfonso Bialetti erfunden. Die klassische achteckige Form war unter dem Namen Moka Express bekannt. Bialetti begann um 1920 nach einer Methode zu suchen, wie man Espresso ohne hohen Druck einfach zubereiten kann. 1933 konnte er dieses Problem lösen. Anfangs verkaufte er seine Erfindung auf verschiedenen Märkten. Die unterschiedlichen Größen der Mokka-Kanne wurden in der Anzahl der Espressotassen beschrieben, die mit der Maschine zubereitet werden konnten. Anfangs wurde sie aus Aluminium gefertigt. Heute wird die Kanne aus Edelstahl hergestellt. Weltruhm erlangte die Kanne nach 1945. Bialettis Sohn begann sie professionell zu vermarkten. Heute ist die Kanne weltweit bekannt und hat viele Fans. Seit 2013 zählt der Mokka und die türkische Kaffeekultur zum UNESCO-Weltkulturerbe.

Die Mokka-Kanne besteht aus drei Teilen: dem Unterteil, dem Siebeinsatz und dem Aufsatz. Auf dem Herd beginnt das Wasser in der Kanne zu verdampfen, der dadurch erzeugte Überdruck drückt das heiße Wasser durch den mit Kaffee gefüllten Einsatz in das Kannenoberteil, wo er aufgefangen und serviert wird. Wichtig bei der Zubereitung sind der Mahlgrad, die Wassermenge, die Wassertemperatur und dass man den Kocher zum richtigen Zeitpunkt von der Hitzequelle entfernt.

So wird der Kaffee in der Mokka-Kanne zubereitet

1. Der Mahlgrad sollte sehr fein sein, nicht mehlig, sondern etwas gröber, etwa zwischen Espresso- und Filtermahlung.
2. Nehmen Sie das Unterteil der Mokka-Kanne und füllen Sie warmes Wasser bis kurz unter das Ventil. Füllen Sie den Filter mit fein gemahlenem Kaffee vollständig auf und drücken Sie das Mahlgut sanft (!) nach unten. Streichen Sie mit einem Finger über den Filter und entfernen Sie damit das überschüssige Kaffeegut.
3. Nehmen Sie das Kannenoberteil und schrauben es auf das Unterteil. Setzen Sie die Mokka-Kanne auf den Herd und stellen Sie die Herdplatte auf mittlere Hitze oder leicht darunter. Bei einer zu hohen Temperatur verbrennt der Kaffee, was zu einem bitteren Geschmack führen kann. Der Kaffee ist fertig, sobald der Wasserdampf zu strömen beginnt, also ein Strahl herausfließt.
4. Nehmen Sie die Kanne von der Feuerstelle, die Resthitze in der Kanne erledigt den Rest. Einschenken und genießen. Nachdem die Mokka-Kanne abgekühlt ist, muss sie sorgfältig mit Wasser gereinigt werden.

Die Mokka-Kanne erzeugt einen vorzüglichen Kaffee und bringt italienisches Flair in die eigenen vier Wände.

Espresso oder nicht?

Die Mokka-Kanne erzeugt keinen echten Espresso, obwohl der Kaffee meist sehr stark schmeckt! Sie arbeitet bis rund 2 bar Druck, was weit unter der Espressozubereitung liegt, dadurch kann unter anderem keine – von den Espressofans so sehr geliebte – Crema entstehen.

Vorteile: bestes Preis-Leistungs-Verhältnis, bei Blindverkostungen immer unter den Top 3, relativ schnelle Zubereitung

Nachteile: Aluminium wird von vielen Menschen mit Skepsis betrachtet (heute auch aus Edelstahl erhältlich), man muss bei Zubereitung anwesend sein, Kanne wird sehr heiß, Verbrennungsgefahr, bei falscher Zubereitung oder Mahlung schmeckt der Kaffee sehr bitter oder auch verbrannt

Türkischer Kaffee

Überblick

Zubereitungszeit: etwa 10 Minuten
Mahlgrad: extrem fein, Kaffeestaub oder Kaffeemehl
Kaffee- und Wassermenge: 5–8 Gramm pro Tasse, ca. 50 ml Wasser pro Tasse

Zu einem perfekten Türkischen Kaffee gehört auch das richtige Geschirr.

Türkischer Kaffee (Arabischer Kaffee, Griechischer Kaffee, Ägyptischer Kaffee) hat nicht nur in den östlichen Ländern viele Fans, auch in Europa nimmt die Fangemeinde dieser besonderen Kaffeezubereitungsart immer mehr zu – man muss ihn einfach probiert haben. Es ist wohl eine der ältesten Arten, wie man Kaffee zubereiten kann. Die Zubereitung erfolgt immer in langstieligen Kännchen: Je nach Sprache werden sie Ibrik oder Cezve genannt, sind meist aus Kupfer oder Messing und häufig in Handarbeit gefertigt. Türkischer Kaffee schmeckt sehr intensiv und ist sehr stark. Er wird immer mit einem Glas Wasser serviert und auch das traditionelle Süßgebäck darf auf keinen Fall fehlen. Türkischer Kaffee wird in speziellen Porzellantassen serviert. Diese sehen so ähnlich aus wie Espressotassen, sind nur flacher und häufig stilvoll verziert.

So wird der Türkische Kaffee zubereitet:

1. Geben Sie Wasser und nach Geschmack Zucker in die Cezve und erhitzen Sie es, bis es zu kochen beginnt.
2. Fügen Sie nun 5–8 Gramm frisch gemahlenen Kaffeestaub hinzu. Viele Mühlen können nicht so fein mahlen, kaufen Sie daher am besten Ihren Türkischen Kaffee beim Röster Ihres Vertrauens oder in einem türkischen Geschäft. Verrühren Sie das Kaffeewasser und lassen Sie den Kaffee anschließend auf den Boden sinken, sodass nichts mehr oben schwimmt.
3. Kochen Sie den Kaffee nun bei kleiner Hitze langsam auf, bis sich eine Schaumschicht bildet. Nehmen Sie die Cezve von der Feuerstelle, schöpfen Sie den Schaum mit einem Löffel ab und geben Sie ihn in Ihre Tasse (hier müssen Neulinge vielleicht ein bisschen üben, bis es gut gelingt).
4. Stellen Sie die Kanne zurück auf die Feuerstelle und wiederholen Sie den Vorgang weitere zweimal. Türkischer Kaffee wird also insgesamt dreimal aufgekocht. Geben Sie den Kaffee in Ihre Tasse und warten Sie, damit sich der Kaffeesatz absetzen

kann. Nicht mehr umrühren oder nachsüßen! Der Kaffeesud bleibt am Ende in der Tasse.

Es gibt eine Vielzahl anderer Zubereitungsmethoden für den Türkischen Kaffee, alle haben aber eines gemeinsam: dass Kaffee in heißem Wasser aufgekocht wird. Manche geben den Zucker und Kaffee gemeinsam dazu und lassen alles unter ständigem Umrühren langsam aufkochen. Andere rühren nicht um, sondern lassen das Kaffeemehl absacken und kochen viermal auf. Verfeinert werden kann der Kaffee mit fein gemahlenem Kardamom oder Zimt, diese Gewürze werden meist mitgekocht. Es gibt kein richtig oder falsch – die Zubereitungsart ist so vielfältig wie die Menschen.

Vorteile: Kaffee schmeckt sehr gut, allein die Zubereitung ist ein Erlebnis, Cezve ist nicht teuer

Nachteile: nicht einfach zuzubereiten, extrem feines Kaffeepulver (so fein können nicht alle Mühlen mahlen), Kaffeesud bleibt in der Tasse

Chemex-Karaffe

Überblick

Zubereitungszeit: 5 Minuten
Mahlgrad: leicht grober Mahlgrad, leicht körnig zwischen den Fingern
Kaffee- und Wassermenge: ein Richtwert sind 40 Gramm Kaffee auf 600 Milliliter Wasser
Wassertemperatur: zwischen 80 und 95 Grad Celsius

Diese Filtermethode erfreut sich einer immer größeren Beliebtheit. In vielen Gastronomiebetrieben wird Kaffee aus der Chemex angeboten. Diese Karaffe wurde um 1940 von dem Chemiker Peter Schlumbohm erfunden. Sie vereint Eleganz und Schönheit in einem relativ einfachen Sanduhrdesign mit einer Holzmanschette und Lederschnüren. 1958 wurde die Chemex zu einem der bestdesignten Produkte der Moderne erklärt und sie steht heute sogar im Museum of Modern Arts in New York. Sie wird von der Firma Chemex Corporation (Chicopee, USA) hergestellt und vertrieben. Die Chemex-Größen werden in Tassen angegeben: 3, 6, 8 und 10 Tassen sind im Handel erhältlich. Bei der Chemex wird ein spezieller Filter verwendet, dessen Oberflächenstruktur feinporiger und dicker als herkömmliche Filter ist. Dieses Filtersystem in Verbindung mit der aus Glas hergestellten Chemex-Karaffe ermöglicht eine perfekte Kaffeeextraktion und erzeugt eine wunderbare Aromavielfalt. Verwenden Sie nur 100-prozentigen Arabica-Kaffee. Durch die feine Extraktion würden bei Robusta-Mischungen viele Bitterstoffe in den Kaffee gelangen.

So wird Kaffee in der Chemex zubereitet:

1. Spülen Sie die Chemex-Karaffe zunächst mit heißem Wasser aus, um sie vorzuwärmen. Falten Sie nun den Filter in eine Kegelform, eine Faltanleitung finden Sie für gewöhnlich auf der Rückseite der Filterverpackung. Stecken Sie den Filter in die Karaffe und achten Sie darauf, dass die dreilagige Seite des Filters auf der Ausgussseite platziert ist.

Der Chemexfilter muss richtig gefaltet werden. Auf einer Seite dreilagig (Eingiessseite), auf der anderen einlagig.

2. Benetzen Sie den Filter mit heißem Wasser, damit der Eigengeschmack herausgespült wird, und entfernen Sie das Wasser anschließend aus der Chemex.
3. Mahlen Sie den Kaffee salzkörnig, das heißt gröber als Espresso, aber feiner als für die Karlsbader Kanne. Geben Sie etwa 40 Gramm auf 600 Milliliter Wasser in den Filter. Die Mengenangabe ist Geschmackssache, hier müssen Sie etwas experimentieren und je nach persönlichen Vorlieben mehr oder weniger Kaffee oder Wasser nehmen.
4. Nehmen Sie 80–95 Grad heißes Wasser und benetzen leicht das Mahlgut – gleichmäßig, am besten in runden Kreisbewegungen. Sie können beobachten,

Filterkaffee in der Chemex schmeckt ausgezeichnet.

wie der Kaffee zu »arbeiten« beginnt und aufquillt. Dieser Vorgang wird Blooming genannt. Jetzt entweicht das restliche Kohlendioxid. Dieser Vorgang dauert etwa 30 Sekunden. Gießen Sie das Wasser anschließend weiter gleichmäßig und in Kreisbewegungen in den Filter. Langsam füllt sich die Karaffe mit köstlichem Kaffee. Wenn das Wasser durchgelaufen ist, entfernen Sie den Filter samt Mahlgut.

Vorteile: höchster Kaffeegenuss, optisch schöne Zubereitungsmethode, Zubereitung- und Servierkanne in einem

Nachteile: Filter müssen nachgekauft werden, Wassertemperatur muss stimmen, Glas kann brechen

HARIO V60 Handfilter/Keramik-Dripper

Überblick

Zubereitungszeit: 2–5 Minuten
Mahlgrad: leicht grober Mahlgrad, leicht körnig zwischen den Fingern
Kaffee- und Wassermenge: ein Richtwert sind 12 Gramm Kaffee auf 250 Milliliter Wasser
Wassertemperatur: zwischen 80 und 90 Grad Celsius

Dieser klassische Handfilter wurde von der Firma Hario entwickelt. Das Unternehmen hat seinen Sitz in Japan und wurde 1921 gegründet. Neben dem Papierfilter ist der Keramik-, Kunststoff- oder Glas-Dripper (die Filterhalterung) ein wesentlicher Bestandteil des Systems. Der V60 ist bei Kaffeegenießern sehr beliebt und das nicht nur wegen der einfachen Handhabung, sondern auch wegen des exzellenten Kaffeegeschmacks. Anders als normale Filter hat der V60 in der Mitte ein großes Loch und geschwungene Rillen, die die Zirkulation des Wassers unterstützen. Dadurch kann der Kaffee bestmöglich extrahieren und sein Aroma freigeben. Verwenden Sie nur V60-Papierfilter, da diese sich perfekt an die Rillen anpassen und so konstruiert sind, dass sie das große Bodenloch ausfüllen. Zudem sind diese Filter geschmacksneutral. V60 steht für V = Kegelform des Filters und 60 steht für den Neigungsgrad des Einsatzes und des Filters. Es gibt ihn in verschiedenen Größen. Wählen Sie Größe 1 für 1–2 Tassen und Größe 2 für 4 Tassen.

So wird Kaffee mit dem V60-Handfilter zubereitet:

1. Nehmen Sie eine Tasse und stellen Sie Ihren V60 auf die Tasse. Darauf kommt der Papierfilter. Spülen Sie den Filter mit heißem Wasser durch – dadurch wird der Eigengeschmack herausgespült und die Tasse vorgewärmt. Schütten Sie das Wasser wieder weg.
2. Geben Sie frisch gemahlenen Kaffee in den Papierfilter. Der Mahlgrad sollte nicht zu fein sein, der Kaffee sollte zwischen den Fingern leicht körnig sein. Ein guter Richtwert sind 12 Gramm Kaffee auf 250 Milliliter Wasser. Die Dosierung richtet sich auch hier wieder nach persönlichen Vorlieben.

Der Hario-Filter ist ein wesentlicher Bestandteil der Dritten Kaffeewelle. Der Kaffee hat ein sehr ausgewogenes Aroma und sollte unbedingt richtig zubereitet werden.

3. Nehmen Sie nun das heiße Wasser und benetzen Sie gleichmäßig die Oberfläche des Mahlgutes. Warten Sie etwa 30 Sekunden. Sie sehen nun das sogenannte Blooming: Das Kaffeepulver quellt auf, Gase entweichen und Bläschen steigen auf. Gießen Sie nun das restliche Wasser in gleichmäßigen Kreisbewegungen über das Mahlgut. Ist das Wasser durchgelaufen, entsorgen Sie den Papierfilter und reinigen den V60 mit Wasser.

Vorteile: köstlicher Kaffeegenuss, einfach zu bedienen, leicht zu reinigen

Nachteile: Filter müssen nachgekauft werden, Wassertemperatur muss stimmen, Keramik und Glas können brechen

Klassische Filterkaffeemaschine

Das Prinzip einer traditionellen Filterkaffeemaschine ist relativ einfach. Wasser wird beispielsweise in einem Wassertank erhitzt, bis es kocht. Durch den Druck läuft es über ein Ventil zu einem Rohr, das sich über dem Mahlgut befindet, in einen Papierfilter. Der Kaffee fließt durch den Filter in eine Kanne

Filtermaschinen wie zu Omas Zeiten sind wieder im Kommen. Der Handel verzeichnet ein gesteigertes Interesse an dieser Zubereitungsmethode. Die Menschen finden wieder Geschmack am leckeren Filterkaffee, und das ist gut so.

ab, die häufig von unten noch gewärmt wird. Es gibt zahlreiche Methoden, Variationen und Systeme.

Diese halb automatischen Kaffeemaschinen wurden vor über 220 Jahren entwickelt. Nach 1945 wurden die damals sehr spannenden Variationen perfektioniert und einer breiten Öffentlichkeit zugänglich gemacht. 1954 patentierte der deutsche Gottlob Widmann die erste Filterkaffeemaschine.

Traditionelle Filterkaffeemaschinen erleben aktuell wieder einen Aufschwung, da die Qualität des Kaffees durch die schonende Zubereitung nicht perfekt, aber dennoch sehr hoch ist. Hier wird ohne Druck, aber meist mit sehr heißem Wasser gearbeitet, wodurch viele wertvolle Aromen verloren gehen.

Der Mahlgrad sollte etwas feiner sein als bei der Chemex oder dem V60. Der Kaffee darf etwas körnig sein zwischen den Fingern. In fast allen Supermärkten bekommt man gemahlenen Kaffee für Filterkaffeemaschinen – der Mahlgrad ist hier aber nur auf diese Maschinen abgestimmt, weshalb dieser Kaffee nicht für andere Methoden verwendet werden sollte.

Der Kaffee sollte rasch konsumiert werden, denn wenn er zu lange in der Kanne bleibt, verliert er sein Aroma und wird oft bitter.

Vorteile: einfach zu bedienen, man kann sich während der Zubereitung entfernen, hohe Geschmacksqualität

Nachteil: Filter müssen gekauft werden, Maschinen gehen kaputt, oft zu heißes Wasser

Stofffilter

Überblick

Zubereitungszeit: 3–5 Minuten
Mahlgrad: leicht grober Mahlgrad, leicht körnig zwischen den Fingern
Kaffee- und Wassermenge: ein Richtwert sind 12 Gramm Kaffee auf 250 Milliliter Wasser
Wassertemperatur: zwischen 80 und 90 Grad Celsius

Eine beliebte Alternative zu Papierfiltern sind Stofffilter. Baumwollfilter wurden in Japan bereits um 1920 verwendet. Der Stofffiltertrend ist vor einigen Jahren von Amerika nach Europa übergeschwappt. Heute findet man in vielen Haushalten Baumwollfilter, gerade die preiswerte und einfache Anwendung machen diese Methode sehr beliebt.

Die Firma Hario bietet hier den sogenannten Drip Pot Woodneck an. Das ist eine Glaskanne, die der Chemex sehr ähnlich ist. Sie erinnert von der Form an eine Sanduhr, in der Mitte finden wir auch hier eine Holzumfassung (Woodneck), die mit einem Lederband befestigt ist. Der Baumwollfilter dazu ist auf einem Drahtgestell gespannt, das an einem Holzstiel befestigt ist. Optisch ist die Woodneck sehr ansprechend und punktet mit ihrem modernen Design. Es gibt sie in den Größen 240 Milliliter und 480 Milliliter.

Die Zubereitung ist ähnlich eines normalen Filterkaffees. Geschmacklich finden wir uns hier zwischen Handfilter und French-Press wieder. Der Kaffee schmeckt sehr rund, da durch den Baumwollfilter viele Öle in den Kaffee gelangen.

So wird Kaffee mit dem Stofffilter zubereitet:

Spülen Sie Filter und Glaskanne mit heißem Wasser aus. Geben Sie den Baumwollfilter in die Kanne, die Größe des Filters ist an die Größe der Kanne angepasst und schließt oben ab.

Geben Sie nun den frisch gemahlenen Kaffee in den Filter. Der Kaffee sollte gleichmäßig verteilt werden. Der Mahlgrad und die Wassermenge haben bei dieser Zubereitungsmethode eine enorme Auswirkung auf den Geschmack des Kaffees. 12 Gramm Kaffee auf 250 Milliliter Wasser sind ein guter Richtwert, den Sie Ihren persönlichen Vorlieben anpassen sollten.

Wählen Sie einen leicht körnigen Mahlgrad, ähnlich dem des V60-Filters (siehe Seite 68). Benetzen Sie nun mit rund 90 Grad heißem Wasser gleichmäßig das Mahlgut. Es beginnt

Stofffilter versprechen ein ganz besonderes Kaffeevergnügen, das man unbedingt ausprobieren sollte.

aufzuquellen und Gase werden freigesetzt (Blooming). Geben Sie nun das restliche Wasser in gleichmäßigen Kreisbewegen über das Mahlgut.

Reinigen Sie den Baumwollfilter rasch und sorgfältig, sobald der Kaffee fertig ist. Stülpen Sie den Filter hierfür nach außen und reinigen Sie ihn nur mit heißem Wasser. Anschließend lassen Sie ihn an der Luft trocknen.

Vorteile: köstlicher Kaffeegenuss, einfache Handhabung, Filter müssen nicht nachgekauft werden

Nachteile: Filter muss wirklich sauber gereinigt und getrocknet werden, Glas kann brechen

Jebena

Die Jebena (manchmal auch Jabana genannt) ist eine Kaffeekanne und wird zur traditionellen Kaffeezubereitung in Teilen Afrikas (beispielsweise in Äthiopien) verwendet. Sie wird aus Ton hergestellt und hat etwa eine Höhe von 20 Zentimetern. Die Kanne hat einen dicken Bauch, zwei Öffnungen und einen Henkel. Es gibt zahlreiche Zubereitungsmethoden.

Die Jebena ist Teil der **afrikanischen Kaffeezeremonie** und wird oft drei Mal am Tag durchgeführt, wobei die Kaffeezubereitung in Afrika reine Frauensache ist. Sollten Sie je eine Einladung zu einer traditionellen Kaffeezeremonie bekommen, dürfen Sie diese auf keinen Fall ausschlagen. Die Zeremonie wird mit der Aufstellung der Utensilien sowie dem liebevollen Schmücken der Zubereitungsstelle eingeleitet. Sobald das Feuer brennt, werden in einer großen Pfanne die Kaffeebohnen frisch geröstet, bis– sie gänzlich schwarz sind. Danach werden die Bohnen mit einem Mörser gemahlen. In der Zwischenzeit wird Wasser in die Jebena gegeben und aufgekocht. Wenn das Wasser kocht, wird der gemahlene Kaffee hinzugefügt. Manchmal werden Wasser und Kaffee gleichzeitig in die Jebena gegeben. Es kann vorkommen, dass der Kaffee bis zu dreimal aufgekocht wird. Häufig wird Weihrauch in der Feuerstelle verbrannt, dies

Die Jebena ist in Europa nur sehr schwer zu bekommen. Sollten Sie in Afrika eine erwerben können: unbedingt zugreifen und zu Hause probieren.

verleiht der Kaffeezeremonie eine feierliche Stimmung. Ist der Kaffee fertig gekocht, wird er in kleinen Schalen serviert. Oft werden auch verschiedene Gewürzen wie Kardamom oder Nelken mitgekocht. Nach dem Einschenken wird noch eine kräftige Portion Zucker hinzugefügt.

Sollten Sie eine Jebena in Afrika erwerben können, greifen Sie zu, denn diese spezielle Kanne ist in Europa nur sehr schwer erhältlich. Der Kaffee schmeckt etwas gewöhnungsbedürftig, ist aber durchaus genießbar und eine Erfahrung wert.

Aeropress

Überblick

Zubereitungszeit: bis zu 4 Minuten
Mahlgrad: leicht grober Mahlgrad, leicht körnig zwischen den Fingern
Kaffee- und Wassermenge: ein Richtwert sind 15 Gramm Kaffee auf 200 Milliliter Wasser
Wassertemperatur: 79 Grad Celsius

Im Jahr 2005 entwickelte der US-amerikanische Erfinder Alan Adler ein Kaffeezubereitungsgerät der ganz besonderen Art. Sein An-

Die Aeropress besteht aus acht Teilen, die, wenn man sich einmal mit dieser Methode beschäftigt hat, ganz einfach zu bedienen sind. Der Kaffee ist meist kräftig und sehr geschmacksintensiv.

spruch war es, möglichst viele Aromastoffe in den Kaffee zu bekommen und die optimale Brühtemperatur einstellen zu können. Dieses Problem brachte ihn dazu, seine eigene Kaffeemaschine zu kreieren. Er wollte die Freiheit haben, »genau *die* Temperatur einstellen zu können, mit der Kaffee am besten schmeckte«, erklärte Adler in einem Interview auf perfectdailygrind.com, und diese Freiheit hatte er weder mit seiner Espressomaschine noch mit seinem Dripper. Er fand übrigens heraus, dass bei einer Temperatur von 79 Grad Celsius (175 Grad Fahrenheit) der Kaffee am besten schmeckt.

Die Aeropress wird aus Kunststoff hergestellt und besteht aus einem Presskolben, einem Brühzylinder und einem Filterhalter. Für die Zubereitung benötigt man spezielle Filter, ein Glas, heißes Wasser und fein gemahlenen Kaffee. Es gibt eine Vielzahl von Zubereitungsvarianten. Sie können Wasser- und Kaffeemenge variieren oder den Brühvorgang in der Mitte abbrechen und nochmals aufbrühen. Ist der Kaffee zu intensiv, können Sie heißes Wasser in die Tasse geben und den Kaffee dadurch etwas »verlängern«. Es gibt mittlerweile sogar eigene Weltmeisterschaften bei der Aeropress-Zubereitung.

So wird Kaffee mit der Aeropress zubereitet:

1. Nehmen Sie den Papierfilter und legen Sie ihn in den Filterhalter. Benetzen Sie ihn mit heißem Wasser und schrauben Sie die Filterhalterung auf den Brühzylinder. Stellen Sie den Brühzylinder mit der Filterhaltung auf ein stabiles Glas oder eine stabile Tasse.
2. Geben Sie 14–22 Gramm fein gemahlenen Kaffee (leicht grobkörnig zwischen den Fingern) in den Brühzylinder und

Volles Kaffeearoma verspricht die Kaffeezubereitung mit der Aeropress.

gießen Sie ihn mit 200 Milliliter (je nach Tassenmenge) 79 Grad Celsius heißem Wasser auf. Rühren Sie 10–15 Sekunden am besten mit dem in der Verpackung enthaltenen Umrührstab um.

3. Setzen Sie nun den Presskolben in den Brühzylinder und drücken Sie ihn so langsam und gleichmäßig wie möglich nach unten – dies kann durchaus schon mal 1 Minute dauern. Ist der Kaffee in der Tasse, entfernen Sie die Aeropress, schrauben die Filterhalterung ab, entfernen Filter und Kaffeesatz und reinigen das Ganze mit heißem Wasser.

Vorteile: vollmundiger Kaffeegenuss, viele Feinabstimmungsmöglichkeiten, tolles Preis-Leistungs-Verhältnis.

Nachteile: etwas instabil, Filter müssen gekauft werden, wird sehr heiß

Bacchi

Bacchi ist die Espressomaschine für echte Kaffeefreaks. Im Prinzip ist Bacchi die Weiterentwicklung und Verbesserung der Mokka-Kanne. Der große Unterschied zur Mokka-Kanne ist, dass die Bacchi 9 bar Druck aufbauen kann und so einen perfekten Espresso mit einer wunderbaren Crema zaubert.

Entwickelt wurde die Bacchi von Andrea Bacchi. Er wollte anfangs die Maschine in Eigenregie auf den Markt bringen, doch die hohen Erzeugungskosten schreckten viele Investoren und Unternehmer ab. Das Projekt schien zum Scheitern verurteilt, doch Bacchi gab nicht auf und fand nach langer Suche und vielen Gesprächen vier Kaffeefreaks, die an seine Idee glaubten. Sie gründeten ein Unternehmen und brachten die Bacchi espresso auf den Markt.

Bacchi teilte den Brühvorgang in zwei Arbeitsschritte. In einer kleinen Kammer im unteren Teil der Kanne wird Wasserdampf erzeugt und bis auf 9 bar verdichtet, durch diesen hohen Druck wird ein Ventil zum Pfeifen gebracht. So weiß man, dass der richtige Druck erreicht ist, und das Ventil kann geöffnet werden. Ein Kolben presst das rund

90 Grad Celsius heiße Wasser durch das Mahlgut. Hat man den Mahlgrad richtig eingestellt, erhält man zwei perfekte Espressi mit einer köstlichen Crema. Bevorzugt man einen doppelten Espresso, muss man einfach ein Auslassrohr verschließen.

Das hört sich alles sehr einfach an, doch der kleinste Bedienungsfehler hat hier große Auswirkung auf das Ergebnis. Dreht man beispielsweise den Hahn zu weit auf, bekommt man keine perfekte Crema. Dieses Gerät stellt Kaffeeenthusiasten also manchmal vor eine große Herausforderung, doch nimmt man sie an, wird man mit einem der besten Espressi belohnt, die es gibt.

So wird Kaffee mit der Bacchi zubereitet:
Für einen Espresso geben Sie 7 Gramm fein gemahlenen Kaffee in die Bacchi und füllen die Wassermenge im Kocher genau bis zur Markierung. Nun muss die Wasserkammer mit Wasser gefüllt werden, auch hier gilt es, die Markierung nicht zu überschreiten. Geben Sie das Kaffeepulver in den Filtereinsatz und drücken Sie es nicht an, also tampern Sie es nicht. Setzen Sie nun die einzelnen Teile zusammen, verbinden sie mit einem Drehknopf und verschließen sie. Stellen Sie die Bacchi auf eine heiße Herdplatte. Nach etwa 6 Minuten ist der gewünschte Druck erzeugt und es ertönt ein Pfeifton. Dieser Ton ist das Zeichen dafür, dass der Arbeitsdruck erreicht wurde. Nach etwa 1 Minute beginnt das Gerät zu zischen, dies ist das Zeichen, dass der Kaffee fertig ist. Drehen Sie den Auslassknopf auf und der Espresso strömt in die Tasse. Drehen Sie die Herdplatte ab und warten Sie, bis die Bacchi abgekühlt ist.

Einziger Wermutstropfen ist der stattliche Preis von rund 300–700 Euro.

Handhebelmaschine

Klassische Handhebelmaschinen üben eine ganz besondere Faszination auf Espressoliebhaber aus. Sie haben meist eine optisch sehr ansprechende Form, viel Chrom und erzeugen eine Aura von höchstem Kaffeegenuss, für Espressofans genau das Richtige. Um 1960 sind die Handhebelmaschinen in den Hintergrund geraten, denn Espressomaschinen mit elektrischen Pumpen haben die Marktführerschaft übernommen. Doch ganz verdrängt werden konnten die Handhebelmaschinen nicht.

Neben den optischen Unterschieden findet man auch eine Vielzahl an technischen Methoden. Es gibt Einkreiser, Zweikreiser, Geräte mit offenem Wärmetauscher, ein oder zwei Brühgruppen, Gastronomiemaschinen, Geräte für den privaten Haushalt usw.

Der Brühdruck wird generell manuell mit einem Handhebel aufgebaut. Damit kann ein Druck von rund 9 bar erzeugt werden, den man für die Zubereitung von Espressi benötigt. Im Gerät befindet sich ein Kolben, der mit dem Handhebel bedient wird. Wird der Hebel nach oben gedrückt, kann heißes Wasser in den Brühraum einströmen. Lässt man den Hebel wieder los, begibt er sich zurück in

Die Königsklasse: Handhebelmaschinen. Sie sind sehr schwer zu bedienen, doch hat man den Dreh erst einmal raus ...

die Ausgangsstellung, die Wasserzufuhr ist unterbrochen. In der Brühkammer beginnt nun die Extraktion des Kaffees. Nun drückt man den Hebel langsam, aber gleichmäßig nach unten, das Wasser wird durch den gemahlenen Kaffee in die Tasse gepresst.

Es erfordert viel Übung, Zeit und auch eine große Portion an Experimentierfreudigkeit, um ein konstantes hochwertiges Espressoerlebnis genießen zu können. Entscheidend für das Ergebnis ist auch der Mahlgrad, dieser sollte so fein sein wie bei einer Espressomahlung für eine Siebträgermaschine, daher sollte man zusätzlich in eine hochwertige Kaffeemühle investieren.

So wird Kaffee mit der Pavoni zubereitet:
Bei einer Pavoni geben Sie zuerst die gewünschte Wassermenge in den Wassertank (nicht zu viel einfüllen) und stecken das Gerät an eine Steckdose an. Bis das Wasser sich erhitzt hat, sollten Sie die Kaffeebohnen frisch mahlen. Ein Mahlgrad wie bei der Espressozubereitung für Siebträger ist zu empfehlen. Sie müssen aber womöglich etwas experimentieren, um den perfekten Mahlgrad für eine Handhebelmaschine zu bekommen, dieser hängt auch vom Druck durch den Benutzer ab. Geben Sie 7 Gramm Kaffeepulver in den Siebträger und drücken Sie es fest an oder tampern Sie es. Achtung: Handhebelmaschinen haben meist einen eigenen Siebträgerdurch-

messer, daher können keine Standardtamper verwendet werden. Spannen Sie anschließend den Siebträger ein und wenn das Wasser die richtige Temperatur erreicht hat (dies erkennen Sie an der Anzeige), heben Sie den Handhebel nach oben und das heiße Wasser strömt in den Brühkopf. Lassen Sie nun den Hebel los, sodass dieser in die Ausgangsstellung rutscht und die Wasserzufuhr unterbricht. Nun wird es spannend, denn jetzt muss der Hebel langsam aber gleichmäßig nach unten gedrückt werden, dabei erzeugen Sie den Druck, damit das Wasser durch das Kaffeepulver in die Tasse gedrückt wird. Drücken Sie zu schnell oder zu langsam, schmeckt der Kaffee langweilig und Sie bekommen keine Crema.

Napoletana

Überblick

Zubereitungszeit: bis zu 2–5 Minuten
Mahlgrad: leicht grober Mahlgrad, leicht körnig zwischen den Fingern, je nach persönlicher Vorliebe
Kaffeemenge: ein Richtwert sind 5–8 Gramm Kaffee pro Tasse

Diese Form der Kaffeezubereitung ist heute im südlichen Italien noch sehr beliebt und findet langsam im ganzen europäischen Raum eine breite Fangemeinde. Erfunden wurde die Napoletana (Cuccumella, Drehkanne) höchstwahrscheinlich um 1819 in Neapel. Sie besteht normalerweise aus drei Teilen: Filtereinsatz, Wasserbehälter und Kannenbehälter mit Ausgussrohr. Es gibt sie in den Größen 1–2, 3 und 6 Tassen. Glaubenskriege zwischen Anhängern der Mokka-Kanne und der Napoletana sind keine Seltenheit. Beide Methoden sind eine wunderbare Art, die italienische Kaffeekultur zu zelebrieren. Die Kaffeegeschmacksergebnisse sind nicht sehr weit voneinander entfernt, doch über Geschmack lässt sich bekanntermaßen vortrefflich streiten.

So wird Kaffee mit der Napoletana zubereitet:

1. Füllen Sie den Wasserbehälter (das Teil ohne Ausgussrohr) maximal bis zum Druckauslass (kleines Loch) mit Wasser. Geben Sie nun den frisch gemahlenen Kaffee in den Filtereinsatz und verschließen Sie ihn. Schrauben Sie den Kannenbehälter mit Ausguss auf. Die Napoletana sieht nun aus wie eine auf dem Kopf stehende Kanne.
2. Stellen Sie die Kanne mit dem Wassertank nach unten auf eine Hitzequelle und warten Sie, bis das Wasser zu kochen beginnt beziehungsweise bis Dampf aus dem Druckloch strömt. Nehmen Sie nun die Kanne von der Hitzequelle und drehen Sie sie vorsichtig um, sodass das heiße Wasser durch den Filter in den Kannenbehälter laufen kann. Bis das

Schneller und köstlicher Kaffee mit der Napoletana: einfach selbst zu Hause versuchen.

Wasser durchgelaufen ist, kann es zwei bis fünf Minuten dauern, je nach Mahlgrad und Größe der Kanne.

3. Zum Reinigen lassen Sie die Kannenteile abkühlen und säubern Sie sie mit Wasser.

Seien Sie vorsichtig beim Umdrehen

Es kann sein, dass heißes Wasser aus dem Dampfloch fließt. Bei gesteckten Drehkannen sollte der Umdrehvorgang sehr rasch erfolgen.

Vorteile: leicht zu reinigen, köstlicher Kaffee, preiswert, da keine Filter nachgekauft werden müssen

Nachteile: man weiß nicht genau, wann der Kaffee durchgelaufen ist, Kanne wird sehr heiß, Verbrühungsgefahr durch heißes Wasser

Vollautomat

Vollautomaten gibt es in Hülle und Fülle. In den Kaufhäusern und Elektromärkten findet man zahlreiche Anbieter mit unterschiedlichen Systemen in jeder Preisklasse. Kaffeevollautomaten entdeckt man mittlerweile auch vermehrt in der Gastronomie. Unter Vollautomat sind Maschinen zu verstehen, die auf Knopfdruck vollautomatisch Kaffee in unterschiedlicher Qualität erzeugen.

Otto Bengtson hat im Jahr 1960 einen Kaffeeautomaten mit integrierter Mühle erfunden, was für damalige Verhältnisse eine Sensation war. Doch zugeschrieben wurde die Erfindung eines Kaffeevollautomaten dem Schweizer Arthur Schmed aus Rüti im Jahre

Vollautomaten gibt es in Variationen und in verschiedenen Preisklassen.

1970. Der findige Ingenieur wollte eine Espressomaschine reparieren, bei diesen Arbeiten kann ihm die Idee, dass ein Kaffee (Espresso) auch auf Knopfdruck zu erzeugen sein müsste. Nach einigen Jahren Forschung und Entwicklung wurde bald ein Prototyp vorgestellt. 1985 war man so weit und die erste Serienproduktion konnte beginnen. Damit wurde der Siegeszug der Vollautomaten gestartet, der auch heute noch andauert. Durch die einfache Bedienung und die relativ schnelle und unkomplizierte Kaffeezubereitung findet man heute solche Geräte in sehr vielen Haushalten, Bars, Büros und Cafés wieder.

Zur Funktionsweise: Wie gesagt gibt es eine Vielzahl an Automaten und Möglichkeiten, doch vereinfacht kann man sagen, dass ganze Kaffeebohnen in einem Behälter gelagert werden. Bei jeder Tasse werden die Kaffeebohnen in einer integrierten Mühle frisch gemahlen; der Mahlgrad kann in der Regel eingestellt werden. Durch eine Pumpe wird ein hoher Druck erzeugt, der dann heißes Wasser (Durchlauferhitzer) durch das Kaffeemahlgut in der Brühkammer drückt. Bei vielen Geräten können Wassermenge, Brühtemperatur, Kaffeemenge, Kaffeemahlgrad und Tassengröße individuell verändert werden. Den Kundenwünschen nach verschiedenen Kaffeevariationen wurde schnell Rechnung getragen. So erzeugen heute viele Geräte einen guten Espresso, Latte macchiato, Verlängerten, Cappuccino und vieles mehr.

Die Bekämpfung von Kalk im Wasser sowie eine regelmäßige Reinigung sind sehr entscheidend für die Lebensdauer moderner Vollautomaten.

Kritiker behaupten, dass Vollautomaten nur etwas für faule Menschen sind. Sie erzeugen bestenfalls durchschnittlichen Kaffee, aber keinen perfekten Espresso und keinen perfekten Kaffee wie nach einer Filtermethode.

Mein Tipp

Verstellen Sie den Mahlgrad nur bei laufender Mühle. Dies ist vor allem dann wichtig, wenn man feiner mahlen will. Es befindet sich immer Mahlgut im Mahlwerk und nur bei laufendem Mahlwerk lassen sich die Mahlräder feiner einstellen, also zusammendrücken! Lesen Sie die Bedienungsanleitung und benutzen Sie immer entkalktes Wasser oder einen Kalkfilter.

Espressomaschine

Für viele Menschen ist der Espresso der König unter den Kaffeespezialitäten. Die richtige Bedienung der Espressomaschine (auch Siebträger oder Halbautomat genannt) und der Kaffeemühle sind die Grundvoraussetzung für einen perfekten Espresso. Im Gegensatz zu Kaffeevollautomaten wird der Kaffee nicht vollautomatisch mit einem Knopfdruck hergestellt, häufig sind noch weitere Schritte wie das Kaffeemahlen nötig. Ausgelegt sind Siebträgermaschinen für die Erzeugung von perfekten Espressi. Die Erfolgsgeschichte der Espressomaschine kann man auf das Jahr 1950 zurückdatieren, ab diesem Zeitpunkt waren die Maschinen erschwinglich. Zahlreiche Patente ab Mitte des 19. Jahrhunderts zeigen, dass verschiedene Versuche unternommen wurden, um die Siebträgermaschine zur Serienreife zu bringen, was aber nur wenigen Unternehmen gelang. Die Heimat dieser Geräte war neben Italien auch Frankreich, Spanien und Deutschland.

Siebträgermaschinen sind in der Gastronomie nicht mehr wegzudenken.

Zur Funktion: Frische Kaffeebohnen werden in einer separaten Kaffeemühle sehr fein gemahlen. Danach nimmt man den Siebträger von der Maschine und füllt den Kaffee (8 Gramm für einen Espresso, 14 Gramm für zwei Espressi) hinein. In der Regel wird nun das Kaffeepulver mit einen Tamper (Stampfer, Stopfer) verdichtet und der Siebträger wieder in die Maschine eingespannt. Mit einem Druck von 9–12 bar wird 90 Grad Celsius heißes Wasser durch das Kaffeepulver gepresst. Für einen perfekten Espresso soll dieser Vorgang rund 20 Sekunden dauern. Druck und Mahlgrad sind entscheidend für die Crema.

Es gibt zahlreiche Geräte, bei denen Temperatur, Brühdruck und Wassermenge separat eingestellt werden können. Diese Variationsmöglichkeiten wirken sich sehr auf den trinkfertigen Espresso aus. Mein Tipp: Weniger ist mehr, denn je mehr man einstellen kann, umso mehr Fehler kann man machen.

Man unterscheidet zwischen Einkreis-, Zweikreis- und Dualboilermaschinen. Bei Einkreissystemen wird das heiße Wasser aus einem Kessel entnommen. In einem Vorgang wird Wasser erhitzt, anschließend wird Wasserdampf erzeugt. Zweikreissysteme haben einen Wärmetauscher eingebaut, dies ermöglicht es, dass Wasser erhitzt wird und gleichzeitig Wasserdampf erzeugt werden kann. Dualboilermaschinen besitzen zwei Kessel, in einem wird Wasser erhitzt und im anderen Wasserdampf erzeugt. Die Temperaturen in den beiden Kesseln sind sehr unterschiedlich, bleiben aber konstant, was bei den anderen Systemen nicht der Fall ist.

Achten Sie beim Tampern auf eine gerade Fläche im Kaffeekuchen, der Druck ist nicht so wichtig.

Es dauert meist bis zu 30 Minuten, bis die Kaffeemaschine einsatzbereit ist: Druck muss aufgebaut und das Wasser erhitzt werden.

Siebträgermaschinen sind heute im Handel von 180 Euro bis 50 000 Euro oder mehr erhältlich – wobei man ab 1000 Euro relativ hochwertige Geräte erwerben kann. Mein Tipp: Lassen Sie sich immer ausreichend beraten. Vergessen Sie nicht, Geld für eine Mühle (zwischen 50 und 2000 Euro) sowie Entkalkungsgeräte (etwa 100 Euro), einen

Tamper gibt es in vielen verschiedenen Variationen mit unterschiedlichen Griffen.

Tamper (50 Euro) und Reinigungsutensilien (etwa 50 Euro) zu kalkulieren.

Lagern Sie den Kaffee nicht neben der Maschine

Die von der Espressomaschine ausgehende Wärme vermindert die Qualität der Kaffeebohnen im Vorratsbehälter der Mühle. Die Mühle sollte daher mindestens einen halben Meter von der Espressomaschine entfernt stehen, gerade wenn diese den ganzen Tag eingeschaltet ist.

Portionskaffeemaschine

Portioniermaschinen arbeiten mit Pads oder Kapseln. Diese Maschinen sind oft sehr rasch einsatzbereit und einfach zu bedienen. Kaffee wird entsprechend der Maschine passend in vorportionierten Kapseln oder Pads geliefert. Wasser aus einem Kessel wird erhitzt und mit Druck durch die angestochenen Kapseln oder Pads gepresst. Diese Maschinen arbeiten mit wenig Druck, erzeugen dennoch eine Crema.

Pad- und Kapselmaschinen stehen laufend in der Kritik. Zum einen wird durch leere Kapseln sehr viel Müll erzeugt, zum anderen sind die Kapseln von unterschiedlichen Herstellern nicht kompatibel. Hersteller haben auf diese Kritik reagiert und so können nun verschiedene Kapsel- oder Padmarken in einer Maschine verwendet werden. Zudem gibt es seit einiger Zeit auch wiederbefüllbare Kapseln und Pads am Markt.

Da der Kaffee in Pads und Kapseln relativ teuer ist und auch wegen der oben genannten Kritikpunkte, kehren immer mehr Konsumenten wieder zur »alten« Filterzubereitungsmethode zurück.

Pad-Maschinen waren lange Zeit das Höchste der Gefühle. Jeder wollte so eine Maschine besitzen.

Milch, Milchersatz und Kaffee

Viele Menschen haben es sich angewöhnt, Milch in ihren Kaffee zu geben. Diese Gewohnheit wird häufig von den eigenen Eltern übernommen. Früher war die Qualität des Kaffees nicht so hoch wie heute. Damit der Kaffee verträglicher und »milder« wurde, wurde Milch hinzugefügt. Heute allerdings, wo hochwertiger Kaffee im Internet, bei Handelskonzernen oder Röstern gekauft werden kann, haben es die Konsumenten selbst in der Hand, wie hochwertig der Kaffee sein soll, den sie genießen wollen. Wenn Sie gerne Milch in Ihren Kaffee geben, hat dies keine negativen Auswirkungen auf Ihren Körper, doch haben zahlreiche Untersuchungen gezeigt, dass Milch die positiven Eigenschaften des Kaffees auf den Körper (siehe Seite 24) hemmt.

Viele Menschen leiden an Laktoseintoleranz oder ernähren sich vegan und verzichten daher auf tierische Milchprodukte. Es muss aber trotzdem nicht auf einen Cappuccino oder Caffè Latte verzichtet werden. Sojamilch, Mandelmilch, Kokosmilch, Reismilch, Hafermilch und Hanfmilch sind geeignete pflanzliche Alternativen. Viele dieser Milchersatzprodukte lassen sich auch zu Hause herstellen. Rezepte dazu finden Sie im Internet oder in Kochbüchern. Es hat sich gezeigt, dass die verschiedenen Milcharten – seien sie pflanzlich oder tierisch und reich oder arm an Fett – nicht nur optisch unterschiedliche Kaffeefärbungen erzeugen, auch geschmacklich gibt es zahlreiche Unterschiede. Die pflanzlichen Produkte weisen häufig einen starken Eigengeschmack auf, der durch die Zugaben von Zucker, Aromen oder Gewürzen ergänzt oder verstärkt wird. Diese Geschmackszugaben finden sich natürlich im Kaffee wieder, daher sollte jeder Kaffeegenießer auf die persönlichen Geschmacksvorlieben achten. Testen Sie einfach einige dieser Milchvariationen und finden Sie Ihren persönlichen Milchersatzgeschmack.

Mein persönlicher Tipp lautet allerdings: Verzichten Sie voll und ganz auf Milch und Zu-

Milch sollte immer frisch und gekühlt sein.

cker. Hochwertiger Kaffee benötigt keine Zusatzstoffe! Kaffeemischungen mit einem großen Anteil an Robusta-Bohnen schmecken oft bitter. Daher verwundert es nicht, wenn Milch und Zucker hinzugefügt werden, um diesen Geschmack zu unterdrücken. Kaufen Sie also 100 Prozent Arabica-Bohnen und Sie können Milch und Zucker vielleicht weglassen. Dann können sich auch wieder die Feinheiten der zahlreichen Aromen Ihres Kaffees offenbaren.

Dennoch möchte ich Ihnen im Folgenden ein paar der pflanzlichen Milchalternativen näher vorstellen.

Mandelmilch

Gemahlene oder gestanzte Mandeln werden mit Wasser vermischt. Dabei entsteht eine milchige Konsistenz, die Mandelmilch. Mandelmilch kann man auch ganz einfach zu Hause selbst herstellen. Industriell hergestellte Mandelmilch wird oft gesüßt oder mit Aromen und Gewürzen verfeinert. Schäumt man die Milch auf, wird sie sehr cremig.

Sojamilch

Sojabohnen werden mit Wasser versetzt und püriert. Danach wird das Gemisch stark erhitzt, wobei es länderspezifische Zubereitungsmethoden gibt. Durch das Erhitzen gehen Nährstoffe verloren. Sojamilch schäumt nicht gut auf.

Kokosmilch

Das Fruchtfleisch von reifen Kokosnüssen wird mit Wasser vermengt und gemahlen. Dieses Gemisch wird mit Pressmaschinen oder per Hand durch ein Baumwolltuch gepresst. Kokosmilch schäumt nicht sehr gut auf.

Reismilch

Zuerst wird Reis gemahlen und mit Wasser gekocht. Anschließend wird der Reis fermentiert, gefiltert und mit Öl versetzt. Reismilch schäumt nicht gut, der Schaum löst sich gleich wieder auf.

Hafermilch

Hafermilch wird aus Getreide hergestellt. Die Getreidekörner werden in Wasser eingeweicht und gekocht. Danach wird die Flüssigkeit für einige Stunden fermentiert. Später wird die Flüssigkeit gesiebt und mit Öl versetzt. Hafermilch lässt sich sehr gut schäumen.

Hanfmilch

Hanfsamen werden mit Wasser vermischt. Diese sogenannte Hanfmaische wird erhitzt und gefiltert. Hanfmilch lässt sich nicht sehr gut schäumen.

Latte Art – denn das Auge trinkt mit

Übersetzt bedeutet Latte Art Milchkunst. Gemeint ist die mit Milchschaum kunstvoll gestaltete Oberfläche eines auf Espresso basierenden Getränks wie Cappuccino oder Caffè Latte. Muster wie Herzen, Blumen, Blätter oder auch dreidimensionale Motive werden durch spezielle Milcheingießtechniken oder Schablonen und manchmal mithilfe von Latte-Art-Nadeln erzeugt. Sehr viel Übung und etwas Geschick sowie ein umfangreiches Wissen über die Espressozubereitung sind die Grundvoraussetzung, um die Oberfläche eines Cappuccinos kreativ mit Milchschaum gestalten zu können.

Für Latte Art benötigt man eine Milchschaumkanne, Milch, eine Espressomaschine mit Dampfdüse (am besten eine dreilöchrige Dampfdüse), um Milchschaum und einen Espresso herstellen zu können, eine große, breite Tasse und falls nötig eine Latte-Art-Nadel oder Schablonen. Die Crema des Kaffees so-

Latte Art ist eine wunderbare Sache, seinen Kunden ein Lächeln ins Gesicht zu zaubern. Wer freut sich nicht über ein Herz oder Blatt in seinem Cappuccino?

wie die Konsistenz des Milchschaums sind enorm wichtig.

So wird Milch perfekt aufgeschäumt

Milch verändert bereits ab einer Temperatur von etwa 70 Grad Celsius ihren Geschmack, sie wird süßlich und schmeckt sehr angenehm. Unterbricht man den Aufschäumprozess nicht rechtzeitig, wird die Temperatur allerdings zu hoch und die Milch schmeckt verbrannt. Mein Tipp: Nehmen Sie immer gekühlte Milch aus dem Kühlschrank; die Milch hat dadurch länger Zeit zum Aufschäumen, bevor sie heiß wird. Viele Baristas verwenden gerne Vollmilch, denn durch den hohen Fettgehalt werden die Aromen noch besser transportiert. Andere bevorzugen Milch mit einem sehr hohen Eiweißgehalt, dieser sorgt für die Feinporigkeit und hohe Festigkeit des Milchschaums. Eine gute Kombination aus beidem ist zu empfehlen. Wenn Sie etwas experimentieren, lernen Sie die verschiedenen Milchsorten und deren Eigenschaften beim Aufschäumen und Geschmack besser kennen.

Bevor Sie die Milch aufschäumen, sollten Sie den Espresso zubereiten. Auch sollten Sie das Milchkännchen in den Kühlschrank stellen. Kühle Kännchen sind gerade am Anfang eine zusätzliche Hilfe, da der Schaum stabiler wird.

Füllen Sie nun kalte Milch bis zum unteren Ende des Schnabels in das Milchschaumkännchen. Lassen Sie das Wasser im Dampfventil der Espressomaschine ab, hierfür öffnen Sie das Ventil kurz.

Nachdem Sie die Milch eingefüllt haben, schieben Sie die Milchdüse 2 Zentimeter unter die Milchoberfläche. Positionieren Sie das Ventil leicht von der Mitte verschoben. Mit der Handfläche halten Sie das Milchkännchen von unten fest. Mein Tipp: Nie die Hand vom Kännchen nehmen, denn damit wird die Temperatur kontrolliert. Sollte das Kännchen zu heiß werden, um es noch halten zu können, ist die Milch bereits »verbrannt«. Sobald Sie das Dampfventil geöffnet haben, starten Sie mit der sogenannten Ziehphase. Kleine Luftbläschen entstehen, das Volumen nimmt zu. Ziehen Sie den Schaum nach oben, dabei entsteht ein lautes Geräusch. Geübte Baristas erkennen am Geräusch, ob das Aufschäumen richtig gemacht und der Milchschaum perfekt ist. Die Milch hat nun eine Temperatur von etwas über 30 Grad Celsius. Die Düse befindet sich noch immer knapp unter der Oberfläche, jedoch etwas weiter oben als am Anfang. Nach der Ziehphase beginnt die Rollphase. Hier darf keine Luft mehr angesaugt werden, daher schieben Sie die Düse in die Milch und versuchen, eine Position zu finden, bei der die Milch sich zu rollen oder drehen beginnt. Diese Phase ist entscheidend für die Konsistenz des Milchschaums. Sie werden merken, dass die Temperatur des Kännchens zunimmt. Bei etwa 60 Grad Celsius wird das Kännchen zu heiß, um es mit der Hand halten zu können, das heißt, hier sollte der Schäumungsprozess abgeschlossen sein. Stellen Sie den Dampf ab, wischen Sie mit einem feuchten Tuch die

Wenn Sie Milch in einem Milchkännchen aufschäumen, achten Sie darauf, dass eine Hand immer das Kännchen berührt, denn nur so können Sie die richtige Temperatur abschätzen und die Milch wird nicht zu heiß.

Düse ab und begutachten Sie den Schaum. Häufig findet man noch große Bläschen auf der Oberfläche, diese verschwinden, wenn man mit der Milchkanne leicht auf den Tisch klopft. Viele Baristas schütten den Milchschaum in ein frisches Kännchen um.

Mein Tipp: Reinigen Sie die Dampfdüse sofort mit einem feuchten Tuch, denn eingetrocknete Milchreste sind unhygienisch und lassen sich zudem nur schwer wieder entfernen. Sollten Sie im Eifer des Gefechts einmal vergessen haben, die Düse zu reinigen, nehmen Sie einfach ein Glas mit frischem Wasser und »schäumen« Sie das Wasser auf. Anschließend können Sie die Düse reinigen. Dampfen Sie auch nach, das heißt, öffnen Sie das Dampfventil für einige Sekunden, um Milchreste in der Düse zu entfernen.

Was tun bei Milchunverträglichkeit?

Für Menschen mit Laktoseintoleranz oder einer anderen Milchunverträglichkeit oder für Veganer können Sie auch Milchalternativen wie Sojamilch oder Hafermilch aufschäumen.

Nun haben Sie also einen Espresso und den perfekten Milchschaum in der Kanne vor sich. Wenn die Konsistenz des Milchschaums nicht stimmt, ist das »Zeichnen« fast unmöglich. Ebenfalls wichtig für das Zeichnen mit Milchschaum ist die Eingießtechnik. Sie müssen den Milchschaum unter die Crema bekommen, und durch den richtigen Schwung und die richtige Bewegung soll ein Muster an der Oberfläche gebildet werden. Das Muster wird durch Strömungen erzeugt, zum Beispiel durch Links-Rechts-Bewegungen. Wichtig ist dabei, ein Kännchen mit einem Schnabel zu verwenden, dadurch lässt sich der Strahl gut dosieren. Probieren Sie verschiedene Techniken aus und geben Sie nicht auf, wenn es nicht sofort klappt. Es ist sehr viel Übung notwendig, um Figuren in die Crema zu bekommen. Zudem führen verschiedene Techniken zum perfekten Herz. Beispielsweise legen einige Baristas den Schnabel des Kännchens auf die Tasse auf und gießen ein, andere gießen in hohem Bogen ein; manche halten die Tasse gerade, andere schief. Nehmen Sie die Hilfe eines erfahrenen Baristas an Anspruch oder besuchen Sie einen Latte-Art-Kurs. Suchen Sie im Internet nach Kursanbietern. Ab Seite 168 finden Sie eine Liste mit zahlreichen Kaffeeinstituten, die zum Teil auch Latte-Art-Kurse anbieten. Nehmen Sie einen Freund oder eine Freundin mit, denn gemeinsam macht Latte Art noch viel mehr Spaß und man kann sich gegenseitig unterstützen, falls es anfangs nicht so klappt. Es werden auch in regelmäßigen Abständen auf der ganzen Welt Meisterschaften in Latte Art abgehalten. Suchen Sie im Internet danach und lernen Sie von den Profis.

Im Folgenden stelle ich Ihnen ein paar gängige Latte-Art-Motive vor, die gut für Anfänger geeignet sind.

So zeichnen Sie mit Milchschaum

Herz, Blatt, Tulpe usw. werden mit der klassischen Gießtechnik gemacht. Dabei wird Milchschaum unter die Crema gegossen. Beim **Herz** wird der Milchschaum aus rund 4 Zentimetern Höhe in die Mitte der Tasse gleichmäßig eingeschenkt, bis die Tasse etwa zur Hälfte gefüllt ist. Wenn Sie jetzt die Tasse etwas absenken und die Milch sehr schnell eingießen, steigt die Milch wieder nach oben und bildet eine kreisförmige Zeichnung in der Crema. Nun ziehen Sie die Kanne wieder nach oben und führen eine Linie durch den Kreis. Durch diesen Ziehvorgang entsteht ein Herz.

Für ein **Blatt** schenken Sie den Milchschaum ebenfalls aus etwa 4 Zentimetern Höhe ein, allerdings am äußeren unteren Rand der Tasse, bis die Tasse halb voll ist und sich ein Fleck bildet. Nun senken Sie die Kanne ab und führen sie in raschen Zickzackbewegungen zur anderen Seite der Tasse. Wichtig ist hier der richtige Eingießwinkel. Zum Abschluss zeichnen Sie noch einen Stiel: Dabei wird die Tasse zurückgezogen und es wird mit der Milchkanne senkrecht wieder zurückgezeichnet. Je steiler der Winkel beim Eingießen, umso heller wird die Zeichnung.

Wer Latte Art versuchen möchte, sollte mit einem Herz beginnen.

Japaner haben diese 3-D-Techniken perfektioniert, und so findet man viele verschiedene Formen und Figuren in den Kaffeetassen wieder. Manchmal überlegt man es sich zweimal, ob man diese Kunstwerke trinken soll.

Eine weitere Technik ist das Modellieren von 3-D-Formen. Hier wird die geschäumte Milch in die Tasse auf den Espresso gegossen und mit verschiedenen Hilfsmitteln eine Figur geformt, zum Beispiel ein Tier. Man nimmt dazu den Schaum mit einem Löffel aus dem Kännchen und formt auf der Oberfläche des Kaffees die entsprechenden Figuren. Diese werden anschließend häufig mit Kakaopulver oder Lebensmittelfarbe perfektioniert.

Abgesehen von den genannten Techniken gibt es auch noch eine reine Maltechnik. Hier wird Milchschaum in den Espresso gegossen, sodass am Ende ein Milchschaumklecks vorhanden ist. Nun werden mithilfe eines Stiftes verschiedene Figuren – ausgehend vom Klecks – gezogen.

Natürlich gibt es noch zahlreiche Mischformen. Die perfekte Konsistenz und Dichte des Milchschaums ist aber für jede Form von Latte Art entscheidend.

Aus einem Milchschaumklecks können wundervolle Zeichnungen entstehen.

Sollte es mit Latte Art nicht gleich klappen, nehmen Sie eine Schablone. Alternativ schäumen Sie die Milch auf und füllen den Espresso fast randvoll mit Milch auf. Mein Tipp: Legen Sie einen Löffel über den Schnabel der Kanne, damit bleibt der Schaum in der Kanne und nur die heiße Milch fließt in die Tasse. Nun nehmen Sie mit dem Löffel den Schaum aus dem Kännchen und setzen diesen ganz einfach auf den Kaffee auf. Gerade zu Stoßzeiten in der Gastronomie wird diese Methode gern angewandt.

Durch Latte Art wird der Kaffee nicht besser, doch die Kunden fühlen sich wertgeschätzt, weil es das Gefühl vermittelt, man hat sich extra Zeit genommen. Das Auge trinkt schließlich mit. Es gibt nichts Schöneres, als durch Latte Art den Kunden ein Lächeln ins Gesicht zu zaubern.

Welcher Kaffee eignet sich für Latte Art?

Mischungen aus Arabica- und Robusta-Bohnen haben sich bestens bewährt. Da durch die Beigabe von Milch der »starke« Geschmack der Robusta-Bohnen verändert wird, schmeckt der Kaffee bei einem Mischverhältnis von 80 Prozent Arabica und 20 Prozent Robusta noch sehr köstlich. Bei 100 Prozent Arabica-Bohnen kann es vorkommen, dass die Milch den Kaffeegeschmack zu sehr »verwässert« und der Cappuccino den köstlichen Geschmack nach Kaffee verliert. Wichtig sind auch hier die persönlichen Vorlieben. Mein Tipp: Experimentieren Sie mit verschiedenen Arabica/Robusta-Mischungen, um den für Sie perfekten Milchschaumkaffee zu finden.

Ersatzkaffee – in der Not geboren

Da Friedrich der Große seinerzeit Kaffee mit hohen Steuern und Zöllen belegte, wurde nach Kaffeealternativen gesucht. Kaffee aus Zichorien war damals sehr beliebt und eine leistbare Alternative zum herkömmlichen Kaffee. Zwar konnten Alternativen wie diese dem Kaffee nicht das Wasser reichen, dennoch entstanden im 18. Jahrhundert die ersten Zichorienfabriken in Deutschland. Doch nicht nur zu Zeiten Friedrich des Großen war Ersatzkaffee sehr beliebt, auch im Ersten und Zweiten Weltkrieg, als Kaffeebohnen nur sehr schwer zu bekommen waren, erlebte Ersatzkaffee eine Blütezeit. Da alternative Kaffeevarianten wie Malz- oder Getreidekaffee zudem kein Koffein haben, hat sich eine große Fangemeinde um diese Kaffeevariationen gebildet, die bis heute noch besteht und sogar wieder regen Zulauf bekommt.

Woher kommt eigentlich der Name »Muckefuck«?

Kaffeeersatz wird in vielen Ländern auch »Muckefuck« genannt, was sich aus dem französischen Begriff »Mocca faux«, also »falscher Kaffee« ableiten lässt.

Zu den kaffeefreien Kaffeevariationen zählt man Feigenkaffee, Zichorienkaffee, Malzkaffee und Getreidekaffee.

Mein Tipp

Versuchen Sie einmal, Ersatzkaffee mit »normalem« Kaffee zu strecken. Diese Methode war zu Kriegszeiten sehr beliebt.

Feigenkaffee

Frische Feigen werden in eine kochende Salzlösung gegeben, danach trocknet man sie auf sogenannten Trockenböden. Hier sind sie 24 Tage lang der Sonne ausgesetzt und werden gedörrt. Danach werden die Feigen für etwa zwei Monate in Trockenkästen gegeben, in denen die letzte Feuchtigkeit herausgearbeitet wird. Anschließend werden sie nochmals gewaschen und gereinigt. Das Rösten bei rund 150 Grad Celsius macht die Feigen sehr hart. Wie Kaffeebohnen werden sie nun in Mühlen zu Pulver gemahlen und für den Verkauf verpackt.

Feigenkaffee wird meist mit herkömmlichem Kaffee vermischt. Er bekommt dadurch einen etwas süßlichen Geschmack.

Mein Tipp

Ein optimales Mischungsverhältnis ist ⅓ Feigenkaffee und ⅔ Kaffee aus Filter- oder Mokka-Zubereitung.

Feigenkaffee kann man heute in vielen Reformhäusern und mit etwas Glück bei großen Handelsketten in 500-Gramm-Packungen erwerben.

Zichorienkaffee

Dieser Kaffee wird aus den Wurzeln der Gemeinen Wegwarte (Cichorium intybus) erzeugt. Sie ist eine Pflanzenart aus der Familie der Korbblütler. Zichorienkaffee soll bereits gegen Ende des 17. Jahrhunderts hergestellt worden sein.

Man säubert die Wurzeln der Wegwarte und schneidet sie in kleine Würfel. In einem Dörrapparat werden die Wurzelwürfel langsam gedörrt und verlieren dabei rund 70 Prozent ihres Wassergehaltes. Meist werden die getrockneten Wurzeln noch zwei bis drei Monate gelagert, bevor sie weiterverarbeitet werden. Bei maximal 150 Grad Celsius werden die Würfel anschließend geröstet. Während des Röstvorgangs karamellisiert der Saft in den Wurzeln. Danach werden die Wurzelstücke fein gemahlen und häufig mit Zucker vermischt und abgepackt.

Zichorienkaffee gibt es in zahlreichen Größen und Mischungen, er wird als löslicher und als Filterkaffee angeboten. Zichorienkaffee in Bio-Qualität kann man meist in Reformhäusern erwerben.

Malzkaffee

Malzkaffee wurde um 1780 zu Zeiten des preußischen Kaffeemonopols entwickelt. Einen Aufschwung bekam der Malzkaffee wieder gegen Ende des Zweiten Weltkriegs – die Armut der Menschen und der Kaffeemangel leitete die Blütezeit für den Malzkaffee ein.

Um Malzkaffee herstellen zu können, benötigt man Gerstenkörner. Diese werden in Wasser eingelegt und dadurch zum Keimen gebracht. Bei diesem Keimvorgang entsteht Malzzucker, der beim Röstvorgang karamellisiert und für den süßlichen malzigen Geschmack verantwortlich ist. Im Anschluss wird die Gerste getrocknet und sehr fein gemahlen.

Malzkaffee wird auch heute noch gerne als koffeinfreie Alternative zu Kaffee konsumiert und hat im deutschsprachigen Raum eine große Fangemeinde. Man kann ihn in verschiedenen Reformhäusern und Supermärkten meist in 100- bis 500-Gramm-Dosen erwerben.

Die Zubereitung ist denkbar einfach: Ein Löffel Malzkaffee in eine Tasse geben und mit 90 Grad Celsius heißem Wasser aufgießen, umrühren und genießen. Je nach persönlicher Vorliebe können auch noch Zucker und Milch in den Muckefuck gegeben werden.

Getreidekaffee

Es gibt diverse Kaffeealternativen aus Dinkel, Gerste und Roggen. Der Unterschied zum Malzkaffee besteht darin, dass das Getreide nicht zum Keimen gebracht wird. Zuerst werden die Feldfrüchte gereinigt, danach geröstet und ganz fein gemahlen. Gerne werden von den Herstellern verschiedene Getreidesorten vermischt, um einen ausgewogenen und milden Kaffeegeschmack zu bekommen. Getreidekaffee wird meist als Instantkaffee, also löslicher Kaffee angeboten.

Dinkelkaffee

Es gibt verschiedene Methoden, um Dinkelkaffee herstellen zu können. Meist wird Dinkel gereinigt und in großen Trommelröstern bei circa 200 Grad Celsius etwa eine Stunde lang geröstet. Danach kann der geröstete Dinkel noch einige Tage ruhen, bevor er fein gemahlen und verpackt wird. Wird Dinkelkaffee als Instantkaffee angeboten, kommen noch weitere Verarbeitungsschritte hinzu.

Dinkelkaffee kann man mit Filter, French-Press, Mokka-Kanne, Karlsbader Kanne oder auch mit einer Siebträgermaschine zubereiten. Der Experimentierfreude sind hier keine Grenzen gesetzt.

Lupinenkaffee

Lupinenkaffee wird aus den Samen der Süßlupine gewonnen. Sie gehört zur selben Familie wie die Bohnen oder Erbsen. Vor rund 100 Jahren fand man diese Pflanze weit verbreitet auf vielen Tiroler Bauernhöfen. Schon damals wurde dieser Kaffee von den Bäuerinnen dort zubereitet. Daher wird er oft auch als Bauernkaffee bezeichnet.

Meist werden die Samen im Spätsommer geerntet – zu diesem Zeitpunkt sind sie voll ausgereift. Danach werden sie gereinigt, geröstet und gemahlen.

Lupinenkaffee kommt geschmacklich sehr nahe an herkömmlichen Kaffee heran und kann gut in verschiedenen Zubereitungsmethoden extrahiert werden.

Vorsicht vor giftigen Lupinenarten!
Es gibt sehr giftige Lupinenarten. Daher empfiehlt es sich nicht, Lupinenkaffee zu Hause in Eigenregie zu rösten und zu konsumieren.

Eichelkaffee

Eichelkaffee ist eine spannende Alternative zu vielen anderen Ersatzkaffees, weil er auch ganz einfach zu Hause zubereitet werden kann und sehr spannend schmeckt. Eicheln gibt es zu Abertausenden in den heimischen Wäldern, zudem sollen sie gut für die Verdauung sein und den Blutzuckerspiegel senken.

Nachdem man genügend Eicheln gesammelt hat – etwa eine Handvoll, also ca. 20 Stück, für 250 ml Kaffee –, entfernt man die Schale. Das funktioniert am besten mit einem Nussknacker oder einem Messer. Nun muss die

Ersatzkaffee aus Eicheln kann man zu Hause einfach selbst herstellen. Der Geschmack dieses Getränks hat eine ganz besonders herbe Note und verspricht viele weitere spannende Geschmacks- und Geruchsempfindungen.

Haut der Eichel entfernt werden. Sind die Eicheln sauber, zerkleinert man sie mit einem Messer in fingernagelgroße Stücke. Anschließend werden die Stücke gewaschen und kräftig gespült, bis das Wasser nicht mehr milchig ist. Nun röstet man das Ganze in einer Pfanne ohne Zugabe von Fett bei rund 80 Grad Celsius. Mit einem Kochlöffel immer wieder umrühren, damit die Eicheln nicht anbrennen. Wenn die Eicheln schwarz werden, ist es zu spät und der Kaffee schmeckt sehr bitter. Nach dem Abkühlen können die Eicheln mit einer Kaffeemühle oder einem Mörser fein gemahlen werden.

Der Eichelkaffee wird mit Filter zubereitet oder in einem Topf mit Wasser erhitzt und mit einem Sieb abgegossen. Ein Löffel Eichelkaffeepulver für eine Tasse ist ausreichend, kann jedoch je nach Geschmack variiert werden.

Mein Tipp

Sammeln Sie nur reife Eicheln vom Boden. Verarbeiten Sie sie anschließend rasch, da sich die Eicheln verfärben und dunkel werden. Der Kaffee lässt sich gut mit Zimt, Milch oder Zucker verfeinern.

WIE DER KAFFEE die Welt eroberte

Die Geschichte des Kaffees

Viele Geschichten, Mythen und Legenden ranken sich um die Entdeckung des Kaffees. Einer Legende nach soll im Jahre 850 der Hirte Kaldi aus dem damaligen Königreich Abessinien (heute Äthiopien, Provinz Kaffa) seine Ziegen dabei beobachtet haben, wie diese die roten Früchte einer Pflanze fraßen. Die Tiere sprangen danach aufgeregt herum und fanden nächtelang keinen Schlaf. Der Hirte, aufgebracht über dieses ruhelose Verhalten der Ziegen, beschwerte sich im nahe gelegenen Kloster bei den Mönchen darüber. Die Mönche untersuchten die Kirschen mit wissenschaftlicher Neugier und kosteten sie, doch enttäuscht von dem Geschmack warfen sie sie ins Feuer. Daraufhin soll sich ein angenehmer Duft verbreitet haben, was die Neugierde der Mönche wieder aufkeimen ließ. Sie machten einen Aufguss aus diesen Bohnen und stellten eine belebende Wirkung des Gesöffs fest.

Die erste schriftliche Erwähnung der Kaffeepflanze ist vermutlich auf den persischen Arzt Razi zurückzuführen. Er soll in den Jahren um 900 nach Christus die grünen Kaffeebohnen als Heilmittel verwendet haben und hat dies in seinen Schriften dokumentiert. Der Heilkundige und Philosoph Iban Sina hat um 1100 eine Pflanze namens Bunchum beschrieben, der er eine besonders anregende Wirkung auf den menschlichen Körper zuschrieb.

Es wird angenommen, dass durch Sklavenhändler die Kaffeepflanzen von Äthiopien über das Rote Meer nach Arabien transportiert wurden. Äthiopien und die Region Kaffa werden noch heute als Geburtsort des Kaffees bezeichnet.

Die ersten großflächigen Kaffeeplantagen soll der Scheich Gemaleddin im Jahre 1454 im Jemen angebaut haben. Dafür ließ er sich Kaffeepflanzen aus dem Königreich Abessinien bringen. Hier beginnt die Geschichte über die Kultivierung des Kaffees. Rasch verbreitete sich dieses Getränk ausgehend von Städten wie Mekka, Medina oder Mokka über das arabische Großreich. Um 1511 entstanden die ersten Kaffeehäuser, sogenannte Kaveh Kanes, in Mekka und etwas später in Aleppo und Damaskus. Sie dienten anfangs religiösen Zwecken, wurden aber rasch zu Orten der Begegnung, in denen gespielt, gelacht und Kaffee getrunken wurde.

Im 16. Jahrhundert konnte der Siegeszug des Kaffees nicht mehr gestoppt werden: Über Pilgerwege verbreitete sich das Getränk rasch bis nach Kairo. Kaffee wurde immer wichtiger und gelangte nach Syrien, Ägypten, Kleinasien und nach Europa. 1591 wurde erstmals vom italienischen Arzt und Botaniker Prosper Alpinus die Kaffeepflanze skizziert und genau beschrieben.

Kaffee – historisch gesehen
DER Weinersatz

Kaffee stammt vom altarabischen Wort »qahwah« ab,was so viel wie »Wein« bedeutete. Die Türken verwendeten den Namen »kahweh« für das Kaffeegetränk. Da es den Moslems verboten war, Wein zu trinken, wurde der Legende nach das leicht berauschend wirkende Kaffeegetränk damals auch »Wein des Islams« genannt.

Um 1615 sollen durch venezianische Händler die ersten Kaffeesäcke nach Westeuropa gekommen sein. 1616 soll es den Niederländern gelungen sein, Kaffee zu kultivieren und zu züchten. Es wurde heißes Wasser über die Bohnen geschüttet, um sie keimunfähig zu machen und damit Konkurrenz zu verhindern. Zu dieser Zeit fiel das arabische Kaffeemonopol. Die Niederländer begannen beispielsweise, in Sumatra oder Java Kaffee anzubauen. Durch die Kolonialisierung und den Ausbau der Handelswege wurde Kaffee zu einem wichtigen Handelsgut. Die Beliebtheit des Kaffees war nicht mehr aufzuhalten: 1554 sollen die ersten Kaffeehäuser auf europäischem Boden in Konstantinopel gegründet worden sein. Die ersten Kaffeehäuser in Venedig wurden um 1645 eröffnet, weitere folgten in ganz Europa und Amerika. Im Jahre 1673 soll das erste Kaffeehaus auf deutschem Boden in Bremen errichtet worden sein.

Die weltbekannte Wiener Kaffeehaustradition hat ihre Anfänge im Jahre 1683 und zählt seit 2011 zum UNESCO-Kulturerbe. Die Geschichte der Wiener Kaffeehaustradition ist sehr stark mit der Türkenbelagerung verbunden. Einer Legende nach soll Georg Franz Kolschitzky als Türke verkleidet die feindlichen Linien durchbrochen haben, um Karl von Lothringen eine sehr wichtige Nachricht zu überbringen. Nach gelungener Mission wurde er stattlich belohnt, unter anderem mit einer Gewerbeberechtigung und 500 Säcken Kriegsbeute mit dunklen Bohnen. Geschäftstüchtig, wie er war, eröffnete er das Café »Zur blauen Flasche«. Diese Geschichte ist zwar sehr verbreitet, wurde aber widerlegt. In Wahrheit wurde das erste Kaffeehaus in Wien vom Armenier Johannes Deodato eröffnet. Dieses Privileg wurde ihm von den Stadtoberen für 20 Jahre aufgrund seiner Kurierdienste gewährt. Das Wiener Kaffeehaus entwickelte sich zu einem Ort der Begegnung. Man las Zeitungen und Bücher, traf sich mit Freunden und Bekannten, spielte Schach oder Karten. Auch Künstler und Schriftsteller bevorzugten die Atmosphäre der Kaffeehäuser, um zu arbeiten oder ihre Werke zu diskutieren. Und nicht selten wurde Politik gemacht oder über politische Themen diskutiert. Frauen war damals der Zutritt zu Kaffeehäusern verwehrt, erst im Jahre 1856 wurde dieses Verbot aufgehoben. 100 Jahre später entstand in Wien der »Klub der Wiener Kaffeehausbesitzer«. Traditionelle und innovative Kaffeehausbesitzer schlossen sich zusammen, um über wichtige Aufgaben wie Förderungen kultureller Projekte in den Kaffeehäusern zu beraten. Die Mitglieder traten gemeinsam in der Öf-

Kaiser Friedrich der Große erließ eine Kaffeeverordnung und verstaatlichte dadurch das Kaffeerösten.

fentlichkeit auf und fungierten zudem als Ansprechpartner für Kaffeekulturinteressierte.

Kaffee wurde ein wichtiges Handelsgut und von den verschiedenen Herrschern mit Steuern oder Zöllen belegt und oft streng reglementiert. Besonders die Erlaubnis, Kaffee zu rösten, oder das Kaffeesieden wurden nur einer Handvoll hochverdienter Bürger zuteil. Am 21. Januar 1781 soll Kaiser Friedrich der Große eine Kaffeeverordnung erlassen haben mit dem Inhalt, dass Rösten von Kaffee nur von staatlich genehmigten Röstereien durchgeführt werden darf. Durch diese Repressalien blühte der Kaffeeschmuggel und geheime private Röstrunden entstanden. Friedrich allerdings wollte Kaffee als Getränk der Reichen und Hochgeborenen durchsetzen und setzte sogenannte Kaffeeschnüffler ein. Sie hatten die Aufgabe, Schwarzröster zu finden, also Bürger, die zu Hause illegal Kaffee veredelten. Da Kaffee sehr gut riecht, waren die Kaffeeschnüffler sehr erfolgreich, dennoch konnte der Siegeszug des Kaffees durch alle Gesellschaftsschichten nicht gestoppt werden.

Erst nach dem Tod von Friedrich wurde das Kaffeemonopol abgeschafft. Kaffee wurde zu einem der meistkonsumierten Getränke. So soll ein Deutscher im Laufe seines Lebens rund 77 000 Tassen konsumieren, Tendenz stark steigend.

Drei Kaffeewellen verändern die Gesellschaft

Unsere Gesellschaft befindet sich stets im Wandel, der Zeitgeist ändert sich, entwickelt sich weiter und erobert neue »Gebiete«. Diese Veränderung wird beim Kaffee in drei Wellen unterteilt. Geprägt wurde dieser Begriff von der US-Amerikanerin Trish Rothgeb, die 2002 einen Artikel über die Veränderung der Kaffeekultur schrieb.

First Wave (1930–1960)

Den Höhepunkt erreichte die erste Kaffeewelle zur Mitte des 20. Jahrhunderts. Kaffee wurde in dieser Zeit zu einer Massenware und konnte in jedem Supermarkt zu einem erschwinglichen Preis erworben werden. Kaffeeersatzprodukte wie Zichorien- oder Getreidekaffee wurden wieder in den Hintergrund gedrängt. Die Kaffeebohnen konnten nun in großen Mengen geröstet und im großen Stil vertrieben werden. Hier entstand auch die sogenannte Ziegelsteinverpackung. Kaffee war in aller Munde. Die technische Entwicklung und der allgemeine Fortschritt nach dem Zweiten Weltkrieg begünstigten diesen Prozess. Automatische Filtermaschinen, Instantkaffee und weitere Innovationen erleichterten die Zubereitung. Und so wurde Kaffee zu einem Modegetränk.

Doch die erste Kaffeewelle hatte auch ihre Kehrseite: Durch die gesteigerte Nachfrage litt die Qualität. Kaffee wurde nicht mehr frisch gemahlen und in kleinen Läden verkauft, sondern vakuumverpackt gelagert und konnte in fast jedem Geschäft gekauft werden. Die Folge waren Geschmacks- und Qualitätsverlust, zudem wurden in den Anbaugebieten die Arbeitsbedingungen für die Menschen immer schwieriger und die Löhne fielen in den Keller. Ziel der Händler war es, Kaffee so billig wie nur möglich in großen Mengen zu verkaufen. Herkunft, Qualität oder fairer Handel waren damals nicht wichtig, es zählte nur der Profit. Dass diese Entwicklung nicht ewig weitergehen konnte, war klar, und so endete in den Jahren um 1960 die erste Kaffeewelle.

Second Wave (1960–1990)

Der Beginn der zweiten Kaffeewelle lässt sich auf die Eröffnung des kleinen Kaffeehauses »Peet's Coffee & Tea« im Jahre 1966 im kalifornischen Berkeley zurückdatieren. Der Besitzer Alfred Peet brachte hochwertigen Kaffee wieder zurück auf den Markt und teilte gerne sein umfangreiches Kaffeewissen mit seinen Kunden. Er soll auch an die Gründer von

Die Zubereitung von Kaffeespezialitäten will gerlent sein. Man hat die Berufsbezeichnung Barista eingeführt. Baristas und Kaffeesommeliers beschäftigen sich intensiv mit Kaffee und dessen Zubereitungsmethoden.

Starbucks sein Handwerk weitergegeben haben. In dieser Zeit kam eine Gegenbewegung zum billigen und schlechten Kaffee auf. Hochwertige Arabica-Bohnen waren wieder in. Neben klassischem Kaffee gab es plötzlich Espresso, Cappuccino, Caffè Latte – und Coffee to go. Kaffee wurde zum Ausdruck eines Lifestyles. Lokale und Espressobars wurden beliebte Treffpunkte. Starbucks war ein wichtiger Wegbegleiter dieser Bewegung. Das Interesse an Kaffee wuchs, die Menschen fingen an, sich für die Herkunft und verschiedene Zubereitungsarten zu interessieren. In dieser Zeit wurden auch Zucker, Milch, Sahne, Sirups, Flavours und andere Zutaten in den Kaffee gegeben. Der reine Kaffeegeschmack rückte an zweite Stelle und spannende Kaffeekreationen eroberten den Weltmarkt.

Third Wave (1990 bis heute)

Parallel zum Massenmarkt entwickelte sich eine neue Kaffeebewegung: Kaffee als das Mittel der Wahl, wenn es um Genuss und Lifestyle geht. Das Produkt Kaffee rückte in den Fokus der Aufmerksamkeit. Ausgehend vom skandinavischen Raum breitete sich diese Bewegung langsam über den ganzen Globus aus. Die Menschen entdeckten ihr Interesse am Kaffee wieder. Anbaugebiete, fairer Handel, Bio-Qualität und verschiedene Zubereitungsarten wollen dokumentiert und besprochen werden. Heute ist es selbstverständlich, dass das Röstdatum abgedruckt wird und nicht nur das Ablaufdatum.

Kleine Dritte-Welle-Röster schießen aus dem Boden. Sie legen Wert auf höchste Rohkaffeequalität, rösten bis zu 30 Minuten bei niedrigen Temperaturen und sorgen so für die allerhöchste Kaffeequalität. Zucker, Milch und andere Zusätze verschwinden langsam wieder, da dieser Kaffee meist sehr wenig Säure enthält und angenehm zu trinken ist. Diese Röster versuchen, Rohkaffee direkt von kleinen Farmen zu importieren und überzeugen sich von fairen Arbeitsbedingungen vor Ort. Der Kaffee ist dadurch etwas teurer, doch die Menschen in den westlichen Ländern unterstützen den »Fair Trade«-Gedanken und so haben Direktimporte immer mehr Abnehmer. Die Konsumenten wollen wissen, wer die Farmer hinter dem Kaffee sind. Reportagen in Zeitungen, Zeitschriften oder TV werden immer beliebter und zeigen den Konsumenten, wie und unter welchen Bedingungen »ihr« Kaffee angebaut und verarbeitet wird – die Regionalität des Kaffees sozusagen.

Ein wichtiger Bestandteil der Third Coffee Wave ist das Zelebrieren und das Wissen über verschiedene alternative Zubereitungsmethoden wie French-Press, Chemex oder Filter. Eine Kaffeezeremonie ist dabei zu entstehen, so wie wir es vom Tee kennen. Kaffee wird häufig gemeinsam mit Freunden zubereitet, es wird über den Geschmack philosophiert und neue Kaffeeröstungen werden ausprobiert. Zudem verzeichnet der Handel wieder ein verstärktes Interesse an herkömmlichen Filtermaschinen, was für mehr Kaffeebewusstsein spricht. Denn wie auf Seite 70 erwähnt, gehört Filterkaffee nach wie vor zu einer der schonendsten Zubereitungsarten für hochwertigen Kaffee.

Die Entstehung des Barista

Der individuelle Geschmack und das persönliche Kaffeeerleben stehen also hoch im Kurs. Das Wissen über Kaffee nimmt zu. Seminare über Kaffees und deren Zubereitungsmethoden sind fast immer ausgebucht. Latte-Art-, Brew- oder Röstmeisterschaften werden gut besucht und Berichte darüber kommen immer häufiger in verschiedenen Medien vor, genauso wie Kaffeemessen in der ganzen Welt. Es hat sich sogar eine eigene Berufsbezeichnung für Kaffeeexperten etabliert: sogenannte Baristas (italienisch für Barkeeper) oder Kaffeesommeliers. Sie gelten als Experten vor oder hinter der Kaffeemaschine, sind vertraut mit Latte Art und haben meist ein umfangreiches Kaffeewissen, das sie gerne an interessierte Kunden weitergeben. Baristas werden heute häufig als Milchschaumschläger, Knopfdrücker, Herzzeichner oder Kaffeeakrobaten bezeichnet. Bei der Ausbildung gibt es auch hier – wie in allen anderen Berufssparten – schwarze Schafe, die nur schnelles Geld machen wollen. Daher sind Ausbildungsstandards, wie es beispielsweise die SCAE (Specialty Coffee Association of Europe) fordert, sehr wichtig und sollten vom Staat auch anerkannt werden.

Kann jeder Barista werden?

Barista oder Kaffeesommelier sind in Deutschland oder Österreich keine geschützten Berufsbezeichnungen, das heißt, jeder kann sich als Barista oder Kaffeesommelier bezeichnen. Ebenso ist Barista kein anerkannter Ausbildungsberuf. Barista-Vereinigungen versuchen dies zu ändern, bislang allerdings ohne Erfolg.

Mein Tipp: Informieren Sie sich gründlich, welchen Latte-Art-Kurs Sie besuchen oder in welcher Schule Sie eine Barista- oder Kaffeesommelier-Ausbildung machen wollen. Im Anhang ab Seite 168 finden Sie eine kleine Liste von Ausbildungsstätten in Österreich, Deutschland und der Schweiz.

Worauf sollten Sie bei der Wahl der Ausbildungsstätte achten?

- Die Kurse sollten möglichst wenig Teilnehmer haben, da so eine bessere individuelle Betreuung durch den Trainer gewährleistet ist. Optimal sind 3–6 Leute.
- Es sollten die Grundlagen über Kaffee vermittelt werden, wie Anbaugebiete, Arabica, Robusta, Kaffeegeschichte.
- Auch Maschinenkunde sollte Bestandteil der Ausbildung sein: Wie funktioniert beispielsweise eine Espressomaschine, wie eine Karlsbader Kanne, wie eine French-Press?
- Neben der Theorie sollten auch viele Praxisstunden inkl. einer Sensorikschulung Inhalt der Ausbildung sein.
- Die Teilnehmer sollten eine Brandbreite an Kaffeerezepten lernen.
- Der Mahlgrad muss besprochen werden.
- Die Ausbildungsstätte sollte eine gute und übersichtliche Internetseite haben.
- Die Geschichte der Kaffeehauskultur sollte besprochen werden.

Kaffees wie Cold Brew, Ice Brew, Cold Drip oder Flavour Coffee sind bezeichnend für die Third Coffee Wave.

Ice Brew

Eine weitere Kaffeevariante, die zur Third Coffee Wave gezählt wird, ist der Ice-Brew-Kaffee. Es gibt zahlreiche Kannen und Systeme, die im Prinzip alle gleich funktionieren. Bei dieser hippen Zubereitungsmethode wird heißer Kaffee sehr rasch über Eiswürfeln abgekühlt. Der Kaffee hat dadurch weniger Bitterstoffe und schmeckt je nach Bohne süßlich, malzig bis angenehm mild. Viele geben noch etwas Milch, zusätzliche Eiswürfel oder eine Kugel Eis in das Glas.

Es gibt zahlreiche Zubereitungsmethoden, die einfachste ist, Kaffee aus dem Vollautomaten in ein Glas mit Eiswürfeln zu geben. Das ist zwar nett, hat aber wenig Stil und schmeckt auch nicht köstlich.

Mein Tipp

Bevorzugen Sie Filtermethoden wie die Karlsbader Kanne, Chemex oder den Hario-Handfilter. Entscheidend bei dieser Methode ist, dass der heiße Kaffee langsam auf die Eiswürfel tropft.

Zutaten/Geräte:

Filterglas
Eiswürfel (300 Gramm Eiswürfel auf 300 Milliliter Wasser)
Filter
frisch gemahlener Kaffee, ein Richtwert sind 40 Gramm Kaffeepulver auf 300 Milliliter Wasser
Wasser

Zubereitung:

1. Geben Sie 300 Gramm Eiswürfel in ein Filterglas. Geben Sie den Filter in den Behälter und etwa 40 Gramm frisch gemahlenen Kaffee wie für die Hario beschrieben in den Filter.
2. Benetzen Sie das Mahlgut mit rund 80 Grad Celsius heißem Wasser, warten Sie 30 Sekunden und gießen Sie den Rest auf, insgesamt 300 Milliliter. Der Kaffee läuft langsam (!) durch den Filter auf die Eiswürfel und wird sofort abgekühlt.

Mahlgrad, Wasser/Mahlgut-Verhältnis und die Qualität der Bohnen haben auch hier eine große Auswirkung auf den Genuss. Seien Sie experimentierfreudig und erweitern Sie so Ihren geschmacklichen Horizont.

Kaffeeeiswürfel

Eine weitere Spezialität, die sich einer immer größeren Fangemeinde erfreut, sind Kaffeeeiswürfel. Es ist ein wahrer Sommerhit, der auch optisch etwas hermacht und zudem sehr gut schmeckt. Die Zubereitung ist denkbar einfach: Füllen Sie einige Espressi in Eiswürfel-

Immer beliebter wird es, einen Espresso oder Verlängerten in Eiswürfelschablonen zu geben, diese einzufrieren und danach mit Milch eiskalt zu genießen.

formen und stellen Sie diese in das Gefrierfach. Nach einigen Stunden haben Sie Kaffeeeiswürfel, die Sie in ein Glas geben und mit kalter Milch auffüllen können. Das ergibt in der Tat ein sehr spannendes Getränk mit vielen Aromen und viel Koffein. Als Variante können Sie auch Kaffee Americano (Verlängerten), Cappuccino oder puren Filterkaffee in die Eiswürfelformen geben. Mein Tipp: Bevor Sie den Kaffee in die Eiswürfelformen gießen, sollten Sie warten, bis sich die Crema gesetzt hat.

Cold Brew

Dieser aus Asien und zum Teil aus Nordamerika stammende Trend erfasst langsam ganz Europa. Der Name Cold Brew bedeutet in etwa »kalt gebrühter« Kaffee. Das bedeutet, der Kaffee wird gemahlen und über Stunden in kaltes Wasser eingelegt, wo er extrahiert. Bei dieser Methode gelangen etwa 80 Prozent weniger Bitterstoffe und auch sehr wenig Säuren in den Kaffee. Der Kaffee schmeckt »natürlich«, angenehm mild, etwas süß und leicht karamellartig. Zucker oder andere Zusatzstoffe sind nicht notwendig. Da durch die »heiße« Zubereitung viele Aromen verloren gehen, ist die kalte Methode sehr schonend und für den Menschen sehr bekömmlich. Durch die kalte Extraktion bleiben viele Aromastoffe erhalten. Wegen des langen Kontaktes mit dem Mahlgut geht man davon aus, dass viel mehr Koffein herausgearbeitet wird und der Kaffee somit koffeinhaltiger ist.

Woher kommt nun dieser kalte gebrühte Kaffee? In Japan ist dieses Getränk bereits seit Jahrhunderten sehr beliebt. Niederländische Händler sollen im 17. Jahrhundert diese Methode auf ihren Reisen in Asien entwickelt haben. Cold-Brew-Kaffee konnte immer schnell hergestellt werden, da kein heißes Wasser mehr benötigt wurde. Zudem konnten gleich größere Mengen angesetzt, gelagert und transportiert werden. Spätestens seitdem Starbucks Cold-Brew-Kaffee auf die Karte gesetzt hat, ist der Siegeszug dieses Getränks nicht mehr aufzuhalten.

So stellen Sie Cold Brew selbst her

Cold-Brew-Kaffee kann jeder zu Hause selbst herstellen. Mein Tipp: Verwenden Sie dabei nur 100 Prozent Arabica-Kaffeebohnen, Robusta-Mischungen schmecken sehr bitter.

Zutaten/Geräte:

frisch gemahlener Kaffee, ein Richtwert sind 100 Gramm Kaffeepulver auf 1 Liter Wasser
Wasser
Papierfilter
eine große Schüssel
ein großes Gefäß mit Filterhalterung (z. B. Chemex, Keramik- oder Plastikfilterhalter, beispielsweise von Hario)
ein Stofftuch

Zubereitung:

1. Mahlen Sie den Kaffee sehr grob (gröbste Stufe). Geben Sie den Kaffee in das große Gefäß und füllen Sie ihn mit frischem, kalkarmem und zimmerwarmem Wasser auf und rühren einmal um, damit der ganze Kaffee im Wasser schwimmt.

Gerade im skandinavischen Raum und in den USA hat kalt gebrühter Kaffee eine große Fangemeinde. Im deutschsprachigen Raum erobert das Getränke gerade die Kühlregale in den Supermärkten.

2. Nehmen Sie ein Stofftuch und decken Sie die Schüssel ab. Stellen Sie sie nicht in den Kühlschrank! Während der nächsten 8–24 Stunden wird die Brühe gefiltert. Am besten, Sie filtrieren das Extrakt zweimal, um sicherzugehen, dass das gesamte Mahlgut entfernt wurde.
3. Das so entstandene Extrakt können Sie erneut mit Wasser zu einem Liter aufgießen. Fertig ist Ihr eigener Cold-Brew-Kaffee.

Mein Tipp

Auch eine French-Press eignet sich hervorragend, um das Mahlgut vom Kaffee zu trennen.

Es gibt noch zahlreiche weitere Kaffee/Wasser-Mischverhältnisse wie 100 Gramm Kaffee auf 500 Milliliter Wasser oder 150 Gramm Kaffee auf 1,5 Liter Wasser. Testen Sie einfach verschiedene Variationen. Zudem hat auch die Extraktionszeit eine große Auswirkung auf den Geschmack: Je länger der Kaffee extrahiert, umso intensiver wird er.

Im Kühlschrank hält Cold-Brew-Kaffee verschlossen beispielsweise in einem Einmachglas etwa zwei Wochen.

So können Sie Ihren Cold-Brew-Kaffee auch trinken:

Cold Brew für Puristen: Genießen Sie Ihren reinen starken Cold-Brew-Kaffee mit Eiswürfeln aus einem Whiskeyglas (viele trinken auch nur das Extrakt).

Cold Brew mit Gin: Geben Sie Eiswürfel, 2 Zentiliter Gin und etwa 100–150 Milliliter Cold-Brew-Kaffee in ein Whiskeyglas und genießen Sie es – gerührt, nicht geschüttelt.

Night Love: Füllen Sie ein Glas mit ⅓ Gin, ⅓ Cold-Brew-Kaffee und ⅓ Tonic sowie Eiswürfeln und Zitrone.

Milk Lover: Geben Sie Eiswürfel und etwa 200 Milliliter Cold-Brew-Kaffee in ein Glas und gießen Sie es je nach Geschmack mit Milch auf.

Cold Drip

Bei dieser Zubereitungsmethode tropft eiskaltes Wasser sehr langsam über einige Stunden auf das frisch gemahlene Kaffeemahlgut. Dadurch werden die Aromen des Kaffees sehr langsam und schonend extrahiert. Nach einigen Stunden hat man so ein sehr aromareiches und geschmacksintensives Extrakt, das man je nach Geschmack noch mit Wasser oder Milch verdünnen kann. Entscheidend für den perfekten Cold-Drip-Kaffeegenuss sind der Mahlgrad, die Kaffeemenge und die Durchlaufzeit. Der Vorteil zur Cold-Brew-Methode ist, dass der Kaffee nicht mehr gefiltert werden muss.

Damit dieser Kaffee bestmöglich zubereitet wird, kann man einen sogenannten Cold Brew Dripper verwenden. Dieses Gerät besteht meist aus drei Teilen – einem Eis- und Wasserbehälter inkl. Dripper (Ventil), Kaffeefach und dem Kaffeeauffangbehälter – und kostet auf verschiedenen Internetplattformen zwischen 50 und 300 Euro. Es gibt aufwendige und sehr ansprechende Designs, oft mit einem schönen Holzgestell dazu, die natürlich den Preis nach oben treiben können. Ob billig oder teuer, sie funktionieren alle nach demselben Prinzip.

So bauen Sie einen Cold Brew Dripper

Alternativ können Sie einen Cold Brew Dripper auch selbst bauen. Hierfür benötigen Sie neben etwas Geschick ein Gefäß mit Zapfhahn, beispielsweise eine breite Flasche mit Zapfhahn oder ein kleines Fass mit einem Zapfhahn. Entscheidend ist, dass die Durchlaufmenge reguliert werden kann. Es sollte ein Tropfen pro Sekunde durchlaufen lassen und ganze Eiswürfel aufnehmen können. Weiter benötigen Sie einen Papierfilter sowie eine Halterung hierfür und ein Auffanggefäß.

Nun ordnen Sie das Ganze folgendermaßen an: Ganz unten steht das Auffanggefäß, darüber montieren Sie die Filterhalterung samt Filter und richten den Zapfhahn darüber aus. Es kann dabei durchaus ein abenteuerliches

Cold-Drip-Kaffee ist nicht ganz einfach herzustellen, daher macht es Sinn, in hochwertige Cold-Drip-Geräte zu investieren.

Gebilde entstehen, hat aber seine Richtigkeit. Nun geben Sie Kaffee in den Filter und befeuchten ihn, bis die ersten Tropfen kommen. Dann legen Sie ein kleines Stück Filter (hierfür zerschneiden Sie einfach einen Filter) auf den Tropfpunkt, also genau unter den Zapfhahn, und geben Eiswürfel samt Wasser in das Zapfhahn-Gefäß. Zum Abschluss wird der Hahn nur ein ganz kleines Stück geöffnet. Nun sollte es zu tropfen beginnen.

Zubereitung des Cold Drip:

1. Befüllen Sie den Eis- und Wasserbehälter mit kaltem Wasser und einigen Eiswürfeln – Sie können auch nur Eiswürfel verwenden. Geben Sie frisch gemahlenen Kaffee (Mahlgrad wie bei der Karlsbader Kanne, wie Sandkörner etwa 1,3 Millimeter) in das Kaffeefach und stellen Sie es auf den Kaffeeauffangbehälter.
2. Befeuchten Sie die Kaffeeoberfläche, damit ein gleichmäßiges Extrahieren möglich ist.
3. Legen ein kleines Stück Filter auf die Tropfstelle, damit kein Loch »getropft« wird. Stellen Sie den Eisbehälter auf das Mahlgut und öffnen Sie das Ventil. Das kalte Wasser beginnt zu tropfen und arbeitet die feinen Aromen des Kaffees heraus. Dieser Vorgang kann zwei bis zehn Stunden dauern. Die Dauer wirkt sich auf den Geschmack aus. Als Faustregel gilt, je länger die Durchlaufzeit ist, umso stärker und geschmacksintensiver wird der Kaffee. Mein Tipp: Stellen Sie das Durchlaufventil so ein, dass pro Sekunde ein Wassertropfen durchlaufen kann.

Im Kühlschrank hält sich dieses Getränk in einem luftdicht verschlossenen Gefäß bis zu zwei Wochen. Cold-Drip-Kaffee sollte genau wie Cold-Brew-Kaffee immer eisgekühlt konsumiert werden.

Cold Brew und Cold Drip sind zwei wunderbare Zubereitungsmethoden, die nicht nur im Sommer einen großen Zuspruch finden. In vielen Röstereien oder Kaffeeläden zählen diese beiden Methoden bereits zum Standardangebot und ergänzen das Kaffeesortiment. Diese beiden Varianten können nach Belieben mit verschiedenen Aromen oder Zusatzstoffen verändert und ergänzt werden. Zitronensaft oder Limetten, Tonicwater oder Mineralwasser, Gin oder Wodka, Kokosmilch oder Vollmilch sind nur einige Beispiele. Der Fantasie sind hier keine Grenzen gesetzt.

Mein Tipp

Seien Sie mutig und probieren Sie einmal einen Cold-Brew- oder Cold-Drip-Kaffee, Sie werden überrascht sein, wie angenehm dieser Kaffee schmeckt.

Flavour Coffee – Kaffee mit Aromen

Kaffee mit Aromen zu versetzen, hat eine lange Geschichte. Im Grunde genommen ist die Zugabe von Milch und Zucker nichts anderes, als den Geschmack des Kaffees zu verändern. Findige Röster und Geschäftsleute haben drei Methoden entwickelt, um den puren Kaffeegeschmack zu verändern:

Während des Röstvorgangs werden Aromen zugesetzt.

Es gibt Röster, die verschiedene Zusätze in die Rösttrommel geben oder über bestimmten Feuerstellen rösten, die zum Beispiel mit Zedernholz bestückt werden. Diese Methode ist nicht zu empfehlen, da die Rösttrommel geschädigt werden kann und die Bohnen zerbrechen können.

Nach dem Röstvorgang werden die Bohnen mit Aromen versetzt.

Für die Zugabe von Aromen nach dem Rösten gibt es zwei Methoden. Sind die Bohnen fertig geröstet, werden diese entweder in Aromen gewälzt oder mit Aromen besprüht. Dies funktioniert sowohl mit natürlichen als auch mit künstlichen Aromen oder Extrakten. Der Fantasie sind hier keine Grenzen gesetzt. Viele Röster bevorzugen Kakao-, Marzipan-, Pistazien-, Eierlikör-, Schokolade-, Amaretto-, Erdbeer-, Minze-, After-Eight-, Haselnuss-, Vanille- oder auch Mandelaroma. Am besten funktioniert diese Methode, wenn die Bohnen frisch aus dem Röster kommen und noch warm sind, denn das Aroma trocknet schnell ein und kann so seine Wirkung perfekt entfalten. Bohnen, die mit Aromen versetzt wurden, halten nicht sehr lange. Es empfiehlt sich, kleine Menge zu erwerben und diese rasch zu verbrauchen.

Mein Tipp: Sie können auch zu Hause Bohnen mit Aromen verfeinern. Geben Sie einfach das gewünschte Aroma in eine kleine Sprühflasche und besprühen Sie die gekauften Bohnen. Tausende verschiedene Aromen sind am Markt verfügbar, die Qual der Wahl liegt bei Ihnen. Falls der Kaffee durch das Aroma zu intensiv schmeckt, können Sie ihn mit Wasser verdünnen.

Aromen werden dem fertig zubereiteten Kaffee hinzugefügt, es entsteht der sogenannte **Kaffee mit Flavour**.

Zahlreiche Kaffeeketten und Kaffeehäuser haben diesen amerikanischen Trend übernommen. Kaffees mit verschiedenen Sirups zu verfeinern, hat eine große Fangemeinde und geht bis in die Zeit der ersten Kaffeehäuser zurück. So findet man neben Haselnuss-, Amaretto-, Kastanien- oder Karamellsirup auch Schokoladen- und Zimtsirup, die den Kaffee perfekt ergänzen. Kaffee mit Eierlikör oder anderen alkoholischen Getränken zu genießen, ist seit jeher keine Seltenheit. Auch Zucker, Milch, Kondensmilch oder Schlagsahne gehören für viele Kaffeefans zum guten Ton. Puristen stellt sich bei diesen drei Methoden, den Geschmack des Kaffees zu verfeinern, die Haare auf. Dies ist zwar verständlich, doch sollte man immer neugierig sein und verschiedene Methoden und Geschmäcker ausprobieren. Vielleicht ist ja gerade für Sie etwas dabei.

Mein Tipp

Geben Sie zuerst den Sirup in das Glas und anschließend den Kaffee. Ein bis zwei Teelöffel Sirup reichen.

REZEPTE, REZEPTE, REZEPTE

Eine kleine Tassenkunde

Bevor ich Ihnen meine persönliche Auswahl an Kaffeerezepten vorstelle, erfolgt eine kleine Tassenkunde.

Für Kaffeetassen gibt es internationale Standards. So haben **Espressotassen** eine Füllmenge von rund 80 Milliliter. Tassen für einen Verlängerten (Café Americano), einen großen Braunen oder einen Cappuccino sollten eine Füllmenge von rund 150 Milliliter aufweisen. 300 Milliliter sind für Latte-macchiato-Gläser Standard. Jumbo-Tassen haben eine Füllmenge von 480 Milliliter oder mehr. Es gibt auch Spezialglasformen wie für Fiaker oder andere Kaffeespezialitäten, auf diese gehe ich im entsprechenden Kaffeerezept ein (ab Seite 120).

Mein Tipp: Bevorzugen Sie Gläser, um Ihren Kaffee von oben bis unten bewundern zu können. Tulpenformen sind besser geeignet als Gläser oder Tassen mit großem Boden, da der Kaffee sonst schneller auskühlt.

Achten Sie beim Kauf von Tassen oder Gläsern darauf, dass diese relativ dickwändig sind und einen stabilen Henkel haben. Ist der Henkel zu dünn, kann er im Geschirrspüler oder in der Hektik des Alltags leicht abbrechen.

Achtung: Tassen oder Gläser sollten stets vorgewärmt werden, das heißt, mit heißem Wasser ausgespült oder im Gastronomiebereich auf die Tassenwärmer der Siebträgermaschine gestellt werden. Dies hat den Vorteil, dass der Kaffee länger warm bleibt. Kühles Porzellan oder Glas entziehen dem Kaffee sofort bis zu 10 Prozent an Wärme. Zudem duftet der Kaffee in einem vorgewärmten Gefäß besser, er kann sein Aroma voll entfalten und die Crema bleibt länger erhalten.

Sahne perfekt zubereitet

Sahne ist der fetthaltigste Teil (mehr als 30 Prozent) der Milch. In Deutschland sagt man dazu auch Rahm, in der Schweiz Nidel und in Österreich nennt man das Ganze Obers. Schlagsahne, Schlagobers oder Schlagrahm ist die Bezeichnung für aufgeschlagene Sahne. Oft wird sie auch mit Zucker gesüßt. Aufgeschlagen wird häufig mit einem Mixer oder einem Schneebesen.

Leicht geschlagene Sahne wird bei zahlreichen Kaffeespezialitäten benötigt. Dafür wird die Sahne nicht ganz steif geschlagen, sondern gerade so, dass sie noch etwas flüssig ist.

Kaffeesahne hat meist etwa 15 Prozent Fettanteil und kann nicht steif geschlagen werden. Um eine lange Haltbarkeit zu erzielen, wird sie pasteurisiert. Sie ist häufig in kleinen Plastiktaps abgepackt erhältlich.

So gelingt perfekte Schlagsahne

Es gibt zwei Methoden, um eine perfekt luftig-cremige Schlagsahne zu bekommen.

Wichtig ist, das die Sahne gekühlt ist. Sie wird direkt aus dem Kühlschrank in eine hohe Schüssel gegeben und mit einem Schneebesen oder Mixer langsam geschlagen. Die Schlagstufe kann erhöht werden, wenn sich am Rand der Schüssel kleine Sahnewellen bilden. Es wird so lange gerührt, bis die Sahne steif und cremig ist. Wenn es so weit ist, sollte man rasch aufhören zu schlagen: Rührt man nämlich weiter, entsteht Butter. Ist die Schlagsahne fertig, sollte sie rasch verarbeitet werden. Möchte man übrigens gesüßte Schlagsahne, sollte der Zucker oder Vanillinzucker bereits am Anfang mitgeschlagen werden.

Eine weitere Variante, eine perfekte Schlagsahne zu erhalten, sind sogenannte iSi-Geräte. iSi-Geräte haben den Vorteil, dass Schlagsahne sehr rasch zubereitet wird und durch den dichten Druckbehälter fast zehn Tage haltbar wird. Sie funktionieren mit löslichem Gas. Unter Druck wird die Sahne gelöst und durch ein Siphon kann sie dann auf den Kaffee oder Cocktail gegeben werden. Während des Sprühvorgangs dehnt sich das gelöste Gas aus, dadurch schäumt die Sahne auf und kann so praktisch portioniert werden.

Original-Kaffeerezepte aus aller Welt

Die folgenden Kaffeerezepte gibt es in einer Vielzahl an Ausführungen, Ergänzungen und Geschmacksrichtungen. Es wird kein Anspruch auf Vollständigkeit gestellt. Sollten Sie weitere Vorschläge, Ideen oder Änderungswünsche haben, schicken Sie bitte eine E-Mail an kaffee@kurttraxl.com.

Der Espresso und der Filterkaffee dienen als Grundlage vieler verschiedener Kaffeegetränke aus aller Welt. Daher sollte man sich mit den Zubereitungsmethoden dieser beiden Getränke etwas näher beschäftigen. Im Kapitel »Die Vielfalt der Kaffeezubereitung« finden Sie eine genaue Anleitung über die vielen verschiedenen Zubereitungsmethoden.

Servieren Sie Espresso im Glas. Das Auge trinkt mit.

Espresso, kleiner Mokka, kleiner Schwarzer, Piccolo

Der Espresso ist die Basis vieler verschiedener Kaffeegetränke, daher ist es sehr wichtig, dass er perfekt zubereitet wird. Für einen Espresso benötigt man 8 Gramm Kaffee. Damit der Espresso eine köstliche Crema bekommt, ist unter anderem die Extraktionszeit sehr wichtig. Diese liegt bei 25 Sekunden.

Mein Tipp

Espresso sollte in einem dünnen Strahl, der wie ein Rattenschwanz aussieht, vom Siebträger laufen. Quellt der Kaffee zu schnell heraus, wird die Crema nicht gut und der Kaffee schmeckt nicht. Ist dies der Fall, muss der Mahlgrad angepasst werden.

Sehr dunkelfarbige Crema deutet darauf hin, dass das Wasser zu heiß ist. Bei einer zu hellen Crema ist das Wasser zu kalt. Das beste Ergebnis ist eine »Tiger-Crema«, das heißt helle und dunkle Crema gemischt in streifenähnlicher Form.

Überblick

Herkunft: Österreich/Italien
Wassermenge: 25 Milliliter
Kaffeemenge: 8 Gramm
Durchlaufzeit: 25 Sekunden
Wassertemperatur im Siebträger: 90 Grad Celsius
Tassen: Espressotasse – etwa 80 Milliliter Füllmenge
Kaffeeempfehlung: Mischung aus 80 Prozent Arabica, 20 Prozent Robusta

Doppelter Espresso, großer Mokka, großer Schwarzer

Für den doppelten Espresso verwendet man 14 Gramm frisch gemahlenen Kaffee.

Rezept

Herkunft: Österreich/Italien
Wassermenge: 60 Milliliter
Kaffeemenge: 14 Gramm
Durchlaufzeit: 25 Sekunden – Siebträger mit großem Füllvolumen und zwei Auslaufhähnen; großes Sieb
Wassertemperatur im Siebträger: 90 Grad Celsius
Tassen: Cappuccinotasse
Kaffeeempfehlung: Mischung aus 80 Prozent Arabica und 20 Prozent Robusta

Der Konsul

Als Basis dieses Kaffeegetränks dient ein doppelter Espresso. Er wird mit einem Schuss frischer Schlagsahne verfeinert.

Rezept

Herkunft: Österreich
Wassermenge: 60 Milliliter
Kaffeemenge: 15 Gramm
Durchlaufzeit: 25 Sekunden – Siebträger mit großem Füllvolumen und zwei Auslaufhähnen; großes Sieb
Wassertemperatur im Siebträger: 90 Grad Celsius
Zutaten: 1–2 Schuss kalte Schlagsahne
Tassen: Cappuccinotasse
Kaffeeempfehlung: Mischung aus 70 Prozent Arabica und 30 Prozent Robusta

Kleiner Brauner

Der kleine Braune ist ein Espresso mit einem Schuss Milch. Die Milch wird üblicherweise in einem kleinen Kännchen gereicht.

Mein Tipp

Mischen Sie 50 Prozent frische Milch und 50 Prozent frische Schlagsahne – dies ist die perfekte Milchmischung für Ihren Kaffee.

Rezept

Herkunft: Österreich
Wassermenge: 25 Milliliter
Kaffeemenge: 8 Gramm
Durchlaufzeit: 25 Sekunden
Tassen: Espressotassen
Zutaten: Milch oder Milch-Sahne-Mischung 50/50
Kaffeeempfehlung: Mischung aus 80 Prozent Arabica und 20 Prozent Robusta

Exkurs: Tampern und Kaffeesudentsorgung

Tampern ist die Bezeichnung für das Pressen des gemahlenen Kaffees in einem Siebträger. In der Praxis gibt es Handtamper, Tamper, die an der Mühle fix montiert sind, sowie eine Vielzahl an verschiedenen Druck- und Hebelvorrichtungen, mit denen das Mahlgut verdichtet werden kann. Damit Sie einen perfekten Espresso genießen können, ist das Tampern von entscheidender Bedeutung. Hier gilt die Devise: Es ist noch kein Meister vom Himmel gefallen. Übung und ein gewisses Maß an Geschick sind hier nicht fehl am Platz.

Drucktamper sind sogenannte kalibrierte Tamper. Sie haben meist eine Feder eingebaut. Am Ende des Federwegs ist der gewünschte Druck erreicht und das Mahlgut sollte perfekt gepresst sein. Diese kalibrierten Tamper haben den Vorteil, dass immer der gleiche Druck ausgeübt wird. Diese Variante eignet sich perfekt für Anfänger oder Barista-Neulinge.

Klassische Tamper haben immer eine runde, gerade Grundfläche und meist einen Knopf oder Griff zur besseren Handhabung. Am Markt gibt es eine große Auswahl an Materialien und optischen Besonderheiten. Man kann Handtamper bereits für rund 10 Euro erwerben, exquisite Stücke aus Gold und mit bestimmten Hölzern gibt es für einige Tausend Euro.

Tamper, die **fix an Mühlen montiert** sind, haben den Nachteil, dass man von unten nach oben drücken muss, was dazu führt, dass man den Druck nicht richtig regulieren kann und häufig keine gerade Druckfläche bekommt.

Mein Tipp

Kaufen Sie sich einen klassischen Handtamper und verzichten Sie auf allerlei Schnickschnack. Gängige Tampergrößen sind 41 Millimeter, 49 Millimeter, 51 Millimeter, 54 Millimeter, 57 Millimeter und 58 Millimeter.

Achten Sie beim Kauf auf die richtige Größe Ihres Tampers. Er soll genau in Ihren Siebträger passen und darf nicht zu klein oder zu groß sein. Sie haben hier einen maximalen Spielraum von 0,5 Millimeter.

Zwei Dinge sind beim Tampern entscheidend, damit das Wasser gleichmäßig durchlaufen kann:

1. Der Druck sollte zwischen 15 und 40 Kilogramm liegen.
2. Die Kaffeemehloberfläche muss gerade, glatt und gleichmäßig sein.

So läuft das Tampern ab:

Nehmen Sie den Siebträger und füllen Sie ihn mit 8 Gramm frisch gemahlenem Kaffee (sehr feiner Mahlgrad). Klopfen Sie den Siebträger mit dem Kaffeemehl in der Hand etwas gerade, sodass das Kaffeemehl gleichmäßig verteilt

Das Wichtigste beim Tampern ist nicht der Druck, sondern dass die Oberfläche gerade und nicht schräg gepresst wird. Denn nur so kann sich das Wasser perfekt verteilen und den Kaffee gleichmäßig extrahieren.

ist. Nehmen Sie anschließend den Tamper in die Hand, stellen Sie den Siebträger auf den Tisch oder in eine Tamperhalterung und drücken Sie den Tamper gerade und gleichmäßig in den Siebträger. Wurde der richtige Druck erreicht, drehen Sie den Tamper um etwa 45 Grad im Uhrzeigersinn. Zum Schluss wischen Sie das Mahlgut, das manchmal noch an der Siebträgerkante ist, mit der Hand ab. Spannen Sie den Siebträger ein und fertig.

Eine Methode, die häufig erklärt wird, aber nicht zu empfehlen ist, ist, den Druck mit einer Küchen- oder Personenwaage zu testen. Besser ist es, dass Sie das richtige Druckmaß durch Üben finden. Unterschiedliche Kaffeesorten, Mahlgrade und auch wechselnde Luftfeuchtigkeit verlangen immer ein anderes Druckmaß. Erfahrene Baristas erkennen am fertigen Kaffeekuchen, ob die Mahlung und der Druck richtig waren. Der Kaffeekuchen muss sich leicht lösen lassen und darf keine Risse oder Wassertropfen enthalten.

Tamper haben meist einen Holzgriff und eine Druckplatte aus hochwertigem Metall.

Links: falsch getampert. Rechts: richtig getampert. Achten Sie auf eine waagrechte Fläche.

Verschiedene Siebträger haben verschiedene Siebe. Es gibt flache und großflächige sowie kleinere und mit Stufen versehene Siebe. Die Tamper müssen hierfür angepasst sein, daher unterscheidet man auch zwischen konvexen Tampern und flachen Tampern. **Konvexe Tamper** haben eine leichte Wölbung und eignen sich besser für Stufensiebe. **Flache Tamper** nimmt man für große gerade Siebböden. Allerdings sind Kaffeefreaks hier unterschiedlicher Auffassung: Die einen schwören nur auf Konvex-Tamper, während die anderen diese Tamper verteufeln. Bei einem sind sich allerdings alle einig: Der Tamper sollte immer sauber und trocken sein.

Tamperablagen gibt es in verschiedenen Formen und Größen. Achten Sie beim Kauf darauf, dass die Ablagen bruchfest, stabil und leicht zu reinigen sind. Zu empfehlen sind sogenannte Tamperstationen inkl. Tampingständer. Hier wird der Tamper eingehängt und ist gegen Verunreinigungen und Beschädigungen geschützt, zudem kann man den Siebträger auf eine eigene Fläche stellen – hier lässt es sich perfekt tampern.

So wird der Kaffeesud entsorgt:

Zwei weitere wichtige Utensilien für den Barista sind Abklopfbehälter und -schublade. Sie sind für die möglichst einfache Entsorgung des Kaffeesuds gedacht und sollten entsprechend effektiv sein. Kleine runde oder quadratische Abklopfbehälter eignen sich hervorragend für den Heimbarista. Gehen jedoch größere Mengen Kaffee über den Ladentisch, sind Sudschubladen unumgänglich.

Kleine **Abklopfbehälter** sind meist aus Hartplastik und haben einen Abklopfstab in der Mitte. Nach zehn Kaffeekuchen ist der Behälter voll. Diese Behälter gibt es zwischen 20 und 50 Euro im Handel. **Sudschubladen** sind meist aus Edelstahl und haben ein großes Fassungsvermögen. Auch hier findet sich ein Abklopfstab am vorderen Rand der Schublade. Häuft wird die Kaffeemaschine auf die Schublade gestellt oder die Schublade wird in das Mobiliar eingebaut. Sudschubladen findet man zu einem Preis von 100–500 Euro in den Fachgeschäften oder im Internet.

Achtung: Kaffeekuchen immer wieder entsorgen und nicht mehrere Tage im Behälter oder in der Schublade belassen. Der Sud beginnt rasch zu schimmeln.

Großer Brauner

Für einen großen Braunen verwendet man einen doppelten Espresso und mischt diesen mit einem Schuss der bewährten Milchmischung aus 50 Prozent frischer Milch und 50 Prozent frischer Schlagsahne.

Überblick

Herkunft: Österreich
Wassermenge: 60 Milliliter
Kaffeemenge: 14 Gramm
Durchlaufzeit: 25 Sekunden – Siebträger mit großem Füllvolumen und zwei Auslaufhähnen; großes Sieb
Tassen: Cappuccinotasse
Zutaten: Milch oder Milch-Sahne-Mischung 50/50
Kaffeeempfehlung: Mischung aus 80 Prozent Arabica und 20 Prozent Robusta

Verlängerter, Café Americano

Neben dem Espresso ist der Verlängerte wohl eines der am häufigsten konsumierten Kaffeegetränke. Hier kann aber auch sehr viel falsch gemacht werden.

Bei der klassischen Zubereitung wird ein Espresso in einer Cappuccinotasse serviert. Dazu wird eine Kanne mit heißem Wasser gereicht. Der Kunde kann sich nach Belieben seinen Kaffee verlängern.

Als größte Kaffeeunart der heutigen Zeit hat es sich eingebürgert, dass der Espresso so lange extrahiert wird, bis die Tasse voll ist, das heißt, bei einer Siebträgermaschine werden 8 Gramm Kaffee in den Siebträger gegeben und das Wasser läuft so lange durch den Kaffeekuchen, bis die Tasse voll ist. Bei dieser Methode wird der Kaffee ausgelaugt und Bitterstoffe werden herausgeschwemmt, die lieber im Kaffeekuchen bleiben sollten.

Machen Sie einen kleinen Selbstversuch

Nehmen Sie zwei Espressogläser, geben Sie 8 Gramm Kaffee in den Siebträger und spannen Sie ihn ein. Stellen Sie ein Espressoglas unter den Siebträger und lassen Sie einen Espresso durchlaufen. Entfernen Sie den Siebträger nicht, sondern stellen Sie das zweite Espressoglas darunter und lassen Sie nochmals einen Espresso durchlaufen. Jetzt haben Sie die Menge eines Verlängerten in zwei Gläser aufgeteilt. Optisch unterschieden sich beide Gläser enorm. Glas eins hat eine schöne Farbe und einen perfekten Kaffee, während Glas zwei hell und unappetitlich aussieht. Die Geschmacksprobe spricht für sich. Es macht geschmacklich einen großen Unterschied, ob man einen Espresso verlängert oder Wasser so lange durch den Kaffeekuchen laufen lässt, bis das Glas voll ist!

In der Gastronomie sollte man sich die Zeit nehmen und entweder einen Verlängerten nach der klassischen Methode servieren oder man gibt zuerst das heiße Wasser in die Tasse und extrahiert einen Espresso in das heiße Wasser (Café Americano). Ich persönlich befürworte die zweite Methode. Beachtet man diese Reihenfolge, bekommt man eine schöne Crema, andersrum ist die Crema unvollständig oder nicht vorhanden.

Überblick

Herkunft: Österreich
Wassermenge: 25 Milliliter für den Espresso
Kaffeemenge: 8 Gramm
Durchlaufzeit: 25 Sekunden
Tassen: Cappuccinotassen
Zutaten: heißes Wasser extra in einer Kanne servieren oder die Café-Americano-Methode anwenden
Kaffeeempfehlung: 100 Prozent Arabica

Kaffee verkehrt

Der »Kaffee verkehrt« enthält mehr Milch als Kaffee. Bei der klassischen Zubereitung wird ein Espresso mit sehr viel warmer Milch serviert. Im Gegensatz zum Latte macchiato findet man keinen Milchschaum bei dieser Kaffeevariante.

Überblick

Herkunft: Österreich
Wassermenge: 25 Milliliter für den Espresso
Kaffeemenge: 8 Gramm
Durchlaufzeit: 25 Sekunden
Tassen: Cappuccinotasse
Zutaten: ¾ warme Milch, ¼ Kaffee
Kaffeeempfehlung: Mischung aus 70 Prozent Arabica und 30 Prozent Robusta

Latte macchiato

Kaffee, Milchschaum und Milch geben sich die Ehre. Als Grundlage dient der Espresso, der mit reichlich Milch und Milchschaum serviert wird. Er besteht aus diesen drei Schichten, die man optisch sehr gut erkennen kann.

Zubereitung:
Schäumen Sie die handwarme Milch auf und erhitzen Sie sie. Gießen Sie nun die heiße Milch samt Milchschaum in ein hohes Glas. Schenken Sie den Espresso vorsichtig (!) über den Milchschaum, der sich oben befindet, ein. So erhalten Sie die typischen drei Schichten. Serviert wird der Latte macchiato mit einem langstieligen Löffel.

So gelingt der perfekte Latte macchiato

Damit sich der Espresso mit der Milch nicht vermischt, muss er vorsichtig eingeschenkt werden und heißer als die Milch sein. So bleibt der Schaum oberhalb des Espressos, die Milch unterhalb. Man kann den Espresso auch über einen Löffel laufen lassen.

Muss es einmal schnell gehen oder sind Sie sich unsicher, ob das Aufschäumen funktioniert hat, können Sie auch nur die heiße Milch in das Glas geben. Verschließen Sie hierfür den Kännchenschnabel fast vollständig mit einem Löffel und lassen so nur die Milch in das Glas fließen. Anschließend setzen Sie den Espresso über einen Löffel vorsichtig auf die Milch und löffeln dann den Milchschaum in das Glas.

Überblick

Herkunft: Österreich/Italien
Wassermenge: 25 Milliliter für den Espresso
Kaffeemenge: 8 Gramm
Durchlaufzeit: 25 Sekunden
Tassen: Latte-macchiato-Glas
Zutaten: viel Milch und Milchschaum
Kaffeeempfehlung: Mischung aus 70 Prozent Arabica und 30 Prozent Robusta

Caffè Latte oder Milchkaffee

Zubereitung:
Extrahieren Sie zuerst einen Espresso in ein großes Glas (ist das Glas zu hoch, können Sie den Espresso in eine kleine Tasse geben). Schäumen Sie nun handwarme Milch leicht auf. Achten Sie darauf, die Milch nicht vollständig aufzuschäumen, der Milchschaum soll cremig und fest sein. Gießen Sie den cremigen Milchschaum über den Espresso in die Jumbo-Tasse und verrühren Sie sie mit einem Löffel.

Überblick

Herkunft: Österreich
Wassermenge: 25 Milliliter für den Espresso
Kaffeemenge: 8 Gramm
Durchlaufzeit: 25 Sekunden
Tassen: Latte-macchiato-Glas oder Jumbo-Tasse
Zutaten: viel Milch und cremig fester Milchschaum
Kaffeeempfehlung: Mischung aus 70 Prozent Arabica und 30 Prozent Robusta

Cappuccino

In fast jedem Café der Welt steht der Cappuccino auf der Karte und nur wenige Menschen der westlichen Zivilisation haben noch nie einen Cappuccino genossen. Eine perfekte Komposition aus Espresso, Milchschaum und Milch sowie etwas Kakaopulver entzücken zahlreiche Kaffeeliebhaber.

Viele Menschen sind der Meinung, dass der Cappuccino in Italien erfunden wurde, das ist jedoch nicht ganz richtig. Die Geschichte besagt, dass im Ersten Weltkrieg in Italien stationierte Soldaten aus Österreich ein Kaffeegetränk namens Kapuziner mitbrachten, das sich großer Beliebtheit erfreute. Im Laufe der Zeit wurde aus dem Kapuziner der Cappuccino.

Wesentlich beim Cappuccino ist das Verhältnis zwischen Kaffee und Milch: 25 Milliliter Kaffee und 50 Milliliter aufgeschäumte Milch ergeben einen richtigen Cappuccino. Wichtig dabei ist, dass die Milch richtig aufgeschäumt wurde, das heißt, sie sollte frei von Luftbläschen und möglichst cremig und feinporig sein. So eignet sich der Cappuccino übrigens auch am besten für Latte Art.

Haben Sie den Espresso in eine Cappuccinotasse extrahiert, können Sie die Milch und den Schaum einfach direkt auf den Espresso geben. Die Milch setzt sich von allein ab. Sie können aber auch den Milchschaum extra aus dem Kännchen in die Tasse löffeln. Zum Abschluss kann noch etwas Kakaopulver drübergestreut werden. Seien Sie mit dem Kakaopulver allerdings sparsam und geben Sie es erst kurz vor dem Servieren auf den Milchschaum. Eine falsche Handhabung hat zur Folge, dass das Pulver zerrinnt, und darunter leidet die Optik enorm.

Überblick

Herkunft: Österreich/Italien
Wassermenge: 25 Milliliter für den Espresso
Kaffeemenge: 8 Gramm
Durchlaufzeit: 25 Sekunden
Tassen: Cappuccinotasse
Zutaten: Milch, Milchschaum und Kakaopulver
Kaffeeempfehlung: Mischung aus 70 Prozent Arabica und 30 Prozent Robusta
Kaffee-Milch-Verhältnis: ⅓ Kaffee, ⅓ Milch, ⅓ Milchschaum

Kapuziner

Der Kapuziner war in der Wiener Kaffeehaustradition sehr stark verankert, ist aber heute eher in Vergessenheit geraten. Das ist sehr schade, denn der Geschmack ist sehr gut und der Kaffee ist bekömmlich.

Zubereitung:
Sie benötigen einen großen Mokka, flüssige Sahne nach Belieben und etwas Kakaopulver. Zuerst geben Sie den Kaffee in eine Tasse, durch die Zugabe der Sahne verfärbt sich der Kaffee braun und hat die Farbe einer Kapuzinerkutte (daher die Bezeichnung Kapuziner). Anschließend mit Kakaopulver verzieren.

Überblick

Herkunft: Österreich
Wassermenge: 60 Milliliter für den doppelten Espresso
Kaffeemenge: 14 Gramm
Durchlaufzeit: 25 Sekunden
Tassen: Cappuccinotasse
Zutaten: flüssige Sahne, Kakaopulver
Kaffeeempfehlung: Mischung aus 80 Prozent Arabica und 20 Prozent Robusta

Wiener Melange

Die Melange war schon damals das Getränk der feinen Damen und wird auch heute noch in den Wiener Cafés bevorzugt von Frauen genossen. Als Grundlage dient ein Espresso, der mit beliebig viel warmer Milch und einer kleinen Haube Milchschaum serviert wird.

Überblick

Herkunft: Österreich
Wassermenge: 25 Milliliter für den Espresso
Kaffeemenge: 8 Gramm
Durchlaufzeit: 25 Sekunden
Tassen: Cappuccinotasse
Zutaten: Milch, etwas Milchschaum
Kaffeeempfehlung: 100 Prozent Arabica
Kaffee-Milch-Verhältnis: Milch nach Belieben, nur eine kleine Haube Milchschaum mit einem Löffel aufsetzen

Kaisermelange

Milch war in Zeiten des Krieges nicht immer verfügbar. Der Legende nach wollte der Kaiser nicht auf seine geliebte Melange verzichten, daher befahl er seinen Dienern, eine neue Variante zu kreieren. Nach vielen Versuchen gaben sie ein Eigelb, Honig und einen Schuss Cognac dazu. Der Kaiser war begeistert und die Kaisermelange war in aller Munde.

Zubereitung:
Geben Sie ein Eigelb sowie etwas Honig in eine große Tasse und verrühren Sie die Mischung mit einem doppelten Espresso. Zum Schluss geben Sie noch einen Schuss Cognac hinzu, fertig ist das kaiserliche Kaffeevergnügen.

Überblick

Herkunft: Österreich
Wassermenge: 60 Milliliter für den doppelten Espresso
Kaffeemenge: 14 Gramm
Durchlaufzeit: 25 Sekunden
Tassen: Cappuccinotasse
Zutaten: Eigelb, 10–15 Gramm Honig, ein Schuss Cognac
Kaffeeempfehlung: Mischung aus 80 Prozent Arabica und 20 Prozent Robusta

Franziskaner

Der Franziskaner besteht aus einem Espresso, der mit warmer Milch nach Belieben verdünnt wird. Zur Krönung gibt man etwas gesüßte Schlagsahne in die Tasse. Heraus kommt quasi eine Melange, aber mit Schlagsahnehäubchen.

Überblick

Herkunft: Österreich
Wassermenge: 25 Milliliter für den Espresso
Kaffeemenge: 8 Gramm
Durchlaufzeit: 25 Sekunden
Tassen: Cappuccinotasse
Zutaten: viel Milch, gesüßte Schlagsahne
Kaffeeempfehlung: 100 Prozent Arabica
Kaffee-Milch-Verhältnis: Milch nach Belieben mit einer großen Haube aus gesüßter Schlagsahne. Häufig werden noch Schokostreusel darübergestreut.

Kaffee Obermayer

Herr Obermayer war einst Mitglied der berühmten Wiener Philharmoniker und ein gern gesehener Gast in den Wiener Kaffeehäusern. Da er es immer sehr eilig hatte, bestellte er einen Kaffee speziell nach seinen Wünschen. Dem Musiker zu Ehren wurde sein Lieblingskaffee »Kaffee Obermayer« genannt und steht heute noch auf vielen Getränkekarten in den Kaffeehäusern. Die Basis sind ein doppelter Espresso und etwas Zucker. Über den Rücken eines Löffels wird vorsichtig kalte Schlagsahne auf den Kaffee gesetzt, sodass sich zwei Schichten bilden. Nun kann der heiße Kaffee zügig durch die kalte Schlagsahne getrunken werden, ohne dass man sich dabei die Zunge verbrennt.

Überblick

Herkunft: Österreich
Wassermenge: 60 Milliliter für den doppelten Espresso
Kaffeemenge: 14 Gramm
Durchlaufzeit: 25 Sekunden
Tassen: Cappuccinotasse
Zutaten: sehr kalte Schlagsahne, etwas Zucker
Kaffeeempfehlung: Mischung aus 80 Prozent Arabica und 20 Prozent Robusta

Überstürzter Neumann

Der Überstürzte Neumann ist eine sehr angenehm mild und sehr süßlich schmeckende Kaffeevariante, die heute meist aus dem Fundus der Kaffeehäuser verschwunden ist. Beim Überstürzten Neumann wird geschlagene Schlagsahne in eine leere Tasse gegeben. Anschließend wird ein großer Mokka auf die Schlagsahne geleert.

Bei der klassischen Zubereitung werden der Mokka und die Schlagsahne getrennt serviert und direkt vor dem Kunden »gestürzt« – ein besonderes Erlebnis für jeden Kaffeefreund.

Wer der Namensgeber dieser Kaffeevariante war, ist heute nicht mehr nachvollziehbar. Es wird aber gemunkelt, dass Herr Neumann ein Kaffeehausbesitzer war und sich mit einer Kaffeespezialität verewigen wollte. Dieses Vorhaben ist ihm offensichtlich gelungen.

Überblick

Herkunft: Österreich
Wassermenge: 60 Milliliter für den doppelten Espresso
Kaffeemenge: 14 Gramm
Durchlaufzeit: 25 Sekunden
Tassen: Cappuccinotasse
Zutaten: gesüßte geschlagene Schlagsahne
Kaffeeempfehlung: Mischung aus 80 Prozent Arabica und 20 Prozent Robusta

Wiener Einspänner

Den Wiener Einspänner gibt es als Doppelten (doppelter Espresso) oder als Einfachen (Espresso). Er wird mit gesüßter und geschlagener Sahne und etwas Staubzucker in einem Einspännerglas serviert. Zuerst kommt der Kaffee in das Glas, darauf kommt eine üppige Schicht gesüßte Schlagsahne, die zusätzlich mit etwas Staubzucker bedeckt wird.

Zu Zeiten des Ersten Weltkrieges fuhren die Wiener Kutscher mit nur einem Pferd anstatt wie üblich mit zwei Pferden. Dieses Gefährt wurde Einspänner genannt. Die Kutscher machten zwischen den Fahrten häufig Halt, um schnell einen Kaffee mit Schlagsahne zu bestellen. Durch die Schlagsahne kühlte der Kaffee rasch ab und konnte schnell getrunken werden; diese Eigenschaft machte das Getränk sehr populär. Das Einspännerglas ist hoch und hat einen Henkel, dadurch konnten die Kutscher mit einer Hand den Kaffee halten und mit der anderen die Zügel des Pferdes.

Der Einspänner ist nicht nur ein Kaffee

In Österreich ist unter Einspänner nicht nur diese Kaffeespezialität bekannt. Auch ein einzelnes Würstchen (beispielsweise Frankfurter, die normalerweise immer paarweise verkauft werden), ein Junggeselle und das bereits erwähnte Pferdefuhrwerk werden dort Einspänner genannt.

Überblick

Herkunft: Österreich
Wassermenge: 60 Milliliter für den doppelten Espresso
Kaffeemenge: 14 Gramm
Durchlaufzeit: 25 Sekunden
Tassen: Einspännerglas
Zutaten: gesüßte geschlagene Schlagsahne, Staubzucker
Kaffeeempfehlung: Mischung aus 80 Prozent Arabica und 20 Prozent Robusta

Fiaker

Der Fiaker wird im Gegensatz zum Einspänner ohne Staubzucker, aber mit Rum, Zucker und Schlagsahne in einem Einspännerglas – häufig auch in einem Wasserglas – serviert.

Ein großer Mokka wird mit einem Schuss oder besser zwei Schuss Rum sowie etwas Zucker verrührt und anschließend mit einer großen Haube aus geschlagener Schlagsahne getrunken. Namensgeber sind wiederum die Wiener Fiaker, sie bestellten dieses Getränk gerne zwischen zwei Kutschfahrten und hielten sich vermutlich mit Alkohol die Kälte vom Leib.

Überblick

Herkunft: Österreich
Wassermenge: 60 Milliliter für den doppelten Espresso
Kaffeemenge: 14 Gramm
Durchlaufzeit: 25 Sekunden
Tassen: Einspännerglas oder Wasserglas
Zutaten: Zucker, 38%iger Inländer-Rum, geschlagene Schlagsahne
Kaffeeempfehlung: 100 Prozent Arabica

Zarenkaffee

Als Basis dient ein Espresso, der mit einer gezuckerten und verquirlten Eigelbhaube serviert wird. Man nimmt dazu eine Cappuccinotasse oder ein Einspännerglas und gibt einen Espresso hinein. Kurz vor dem Servieren wird ein Eigelb zusammen mit etwa zwei Teelöffeln Zucker schaumig geschlagen und vorsichtig auf den fertigen Espresso gesetzt. Diese »goldene Krone« verleiht dem Kaffee ein ganz besonderes Flair, das man auch schmecken kann.

Überblick

Herkunft: Österreich
Wassermenge: 25 Milliliter für den Espresso
Kaffeemenge: 8 Gramm
Durchlaufzeit: 25 Sekunden
Tassen: Cappuccinotasse oder Einspännerglas
Zutaten: Zucker, Eigelb
Kaffeeempfehlung: Mischung aus 60 Prozent Arabica und 40 Prozent Robusta

Kaffee Amadeus

Dies ist ein doppelter Espresso, der mit 2 Zentiliter Amadeus-Likör und häufig mit Schlagsahne serviert wird. Diesen Kaffee findet man in zahlreichen Salzburger Kaffeehäusern. Er wurde vor einigen Jahren zu Ehren von Wolfgang Amadeus Mozart erfunden.

Überblick

Herkunft: Österreich
Wassermenge: 60 Milliliter für den doppelten Espresso
Kaffeemenge: 14 Gramm
Durchlaufzeit: 25 Sekunden
Tassen: Cappuccinoglas
Zutaten: Amadeus-Likör, Schlagsahne
Kaffeeempfehlung: Mischung aus 70 Prozent Arabica und 30 Prozent Robusta

Eiskaffee

Der Eiskaffee ist in den Sommermonaten nicht mehr wegzudenken. Bei der klassischen Variante wird ein Espresso mit zwei Kugeln Vanilleeis, kalter Milch sowie gesüßter und geschlagener Schlagsahne serviert und mit Schokostreuseln dekoriert.

Zubereitung:
Geben Sie das Vanilleeis in ein großes Eiskaffeeglas. Schenken Sie nun den Espresso über das Eis ein und geben anschließend nach Belieben kalte Milch dazu. Zum Abschluss geben Sie noch eine große Portion gesüßte und geschlagene Schlagsahne darauf, die Sie auf Wunsch mit Schokostreuseln oder Kakaopulver verzieren können.

Überblick

Herkunft: Österreich
Wassermenge: 25 Milliliter für den Espresso
Kaffeemenge: 8 Gramm
Durchlaufzeit: 25 Sekunden
Tassen: Eiskaffeeglas oder Latte-macchiato-Glas
Zutaten: 2 Kugeln Vanilleeis, gesüßte und geschlagene Schlagsahne, Schokostreusel oder Kakaopulver, kalte Milch
Kaffeeempfehlung: Mischung aus 80 Prozent Arabica und 20 Prozent Robusta

Maria Theresia

Für diese köstliche Kaffeevariante wird ein großer Mokka in eine Cappuccinotasse extrahiert und mit 2 Zentiliter Orangenlikör und etwas Zucker verfeinert. Zum Schluss gibt man noch eine Haube geschlagene Schlagsahne darüber. Eine besonders kaiserliche Erscheinung bekommt dieses Getränk in einem Einspännerglas, was die Kaffeegenießer immer wieder aufs Neue erfreut.

Überblick

Herkunft: Österreich
Wassermenge: 60 Milliliter für den doppelten Espresso
Kaffeemenge: 14 Gramm
Durchlaufzeit: 25 Sekunden
Tassen: Cappuccinotasse oder Einspännerglas
Zutaten: Orangenlikör, Zucker, geschlagene Schlagsahne
Kaffeeempfehlung: Mischung aus 70 Prozent Arabica und 30 Prozent Robusta

Schale Gold

Als Schale Gold bezeichnet man einen kleinen Mokka, der mit viel Schlagsahne vermischt wird und so seine goldene Farbe erhält. Die Schale Gold ist um einiges heller als ein Brauner. Es soll keine Milch verwendet werden.

Überblick

Herkunft: Österreich
Wassermenge: 25 Milliliter für den Espresso
Kaffeemenge: 8 Gramm
Durchlaufzeit: 25 Sekunden
Tassen: Cappuccinotasse
Zutaten: Schlagsahne
Kaffeeempfehlung: Mischung aus 80 Prozent Arabica und 20 Prozent Robusta

Schale Braun

Bei der Schale Braun wird ein kleiner Mokka verwendet und im Mischverhältnis 1:1 mit Schlagsahne vermischt. Es soll keine Milch verwendet werden.

Überblick

Herkunft: Österreich
Wassermenge: 25 Milliliter für den Espresso
Kaffeemenge: 8 Gramm
Durchlaufzeit: 25 Sekunden
Tassen: Cappuccinotasse
Zutaten: Schlagsahne
Kaffeeempfehlung: Mischung aus 80 Prozent Arabica und 20 Prozent Robusta

Almkaffee

Dies ist eine weitere Kaffeespezialität aus Österreich. Für diesen Muntermacher nimmt man einen doppelten Espresso und vermischt ihn mit einem Eigelb, Rum und Zucker. Zum Abschluss kommt noch eine große Menge geschlagene Schlagsahne darüber. Dieser Kaffee erinnert durch die Sahnehaube nicht nur an die Berge, sondern wird auch auf verschiedenen Almhütten zubereitet. Es gibt eine Vielzahl an Varianten und Zubereitungsarten.

Überblick

Herkunft: Österreich
Wassermenge: 60 Milliliter für den doppelten Espresso
Kaffeemenge: 14 Gramm
Durchlaufzeit: 25 Sekunden
Tassen: Cappuccinotasse
Zutaten: Eigelb, Zucker, geschlagene Schlagsahne, 2 Zentiliter Rum
Kaffeeempfehlung: Mischung aus 70 Prozent Arabica und 30 Prozent Robusta

Weißer mit Haut

Bei diesem Kaffee ist das Besondere die Milchhaut, die auf dem Kaffee schwimmt. Erfahrungsgemäß ist das nicht jedermanns Sache, doch in Wien ist dieser Kaffee sehr beliebt und hat eine große Fangemeinde. Als Grundlage dient ein Espresso, der mit viel warmer Milch vermischt wird. Zum Abschluss kommt noch etwas sehr heiße, nicht verquirlte Milch in den Kaffee. So bildet sich schnell eine köstliche Milchhaut, die man genüsslich schlürfen oder mit einem Löffel genießen kann.

Überblick

Herkunft: Österreich
Wassermenge: 25 Milliliter für den Espresso
Kaffeemenge: 8 Gramm
Durchlaufzeit: 25 Sekunden
Tassen: Cappuccinotasse
Zutaten: warme und sehr heiße Milch
Kaffeeempfehlung: 100 Prozent Arabica

Mokka gespritzt

Man nimmt einen kleinen Espresso und spritzt (verlängert) diesen mit 2 Zentiliter Rum. Viele Kaffeeliebhaber bevorzugen auch Cognac. Dieser Kaffee sollte in jeder guten Kaffeebar zu finden sein.

Überblick

Herkunft: Österreich
Wassermenge: 25 Milliliter für den Espresso
Kaffeemenge: 8 Gramm
Durchlaufzeit: 25 Sekunden
Tassen: Espressotasse
Zutaten: 2 Zentiliter Rum oder 2 Zentiliter Cognac
Kaffeeempfehlung: 100 Prozent Arabica

Türkischer Kaffee

Der Türkische Kaffee als Zubereitungsart ist heute noch immer sehr beliebt und gehört zum guten Ton und Standardrepertoire in jedem Kaffeehaus, das was auf sich hält. Die Zubereitung wird auf Seite 66 beschrieben.

Zu Türkischem Kaffee wird fast immer Lokum (auch Raha oder Rahatluk genannt) serviert. Diese Süßspeise wird aus Stärke und Zucker hergestellt, ist meist quadratisch, etwas weich und klebrig.

Überblick

Herkunft: Osmanisches Reich
Wassermenge: ca. 50 Milliliter pro Tasse
Kaffeemenge: 5–8 Gramm
Tassen: Mokkatassen aus Porzellan
Kaffeeempfehlung: 100 Prozent Arabica

Gewürzkaffee

Auch beim Gewürzkaffee gibt es eine Vielzahl an Zubereitungsmethoden und Varianten. Bei der klassischen Art werden 2 Zentiliter Rum oder auch mehr sowie zwei Gewürznelken in die Kaffeetasse gegeben und mit einem doppelten Espresso aufgegossen. Je nach Geschmack kann man noch etwas mit Zucker süßen. Umgerührt wird der Gewürzkaffee mit einer Zimtstange.

Überblick

Herkunft: Orientalischer Raum
Wassermenge: 60 Milliliter für den doppelten Espresso
Kaffeemenge: 14 Gramm
Durchlaufzeit: 25 Sekunden
Tassen: Cappuccinotasse
Zutaten: Rum, Gewürznelken, eine Stange Zimt, nach Belieben Zucker
Kaffeeempfehlung: 100 Prozent Arabica

Kosakenkaffee

Dieses Kaffeegetränk, das anscheinend aus Russland und/oder Österreich kommt, hat es in sich. Als Basis dient ein Espresso, der mit »flüssigem Zucker«, Rotwein und Wodka vermischt wird – und diese Kombination hat es nicht nur geschmacklich in sich.

Zubereitung:
Erhitzen Sie etwa 70 Milliliter Rotwein und geben Sie 35 Gramm Zucker hinzu. Nun rühren Sie so lange mit einem Löffel um, bis sich der Zucker vollständig aufgelöst hat. Danach kommt das Rotwein-Zucker-Gemisch in ein Einspännerglas. Darauf geben Sie nun einen starken Espresso. Zum Abschluss lassen Sie über einen Löffel 2 Zentiliter Wodka in den Kosakenkaffee fließen.

Überblick

Herkunft: Russland oder Österreich
Wassermenge: 25 Milliliter
Kaffeemenge: 8 Gramm
Tassen: Einspännerglas
Zutaten: Zucker, Wodka und Rotwein
Kaffeeempfehlung: Mischung aus 70 Prozent Arabica und 30 Prozent Robusta

Biedermeier

Diese typische Wiener Kaffeevariante besteht aus einem doppelten Espresso, Marillenlikör und gesüßter geschlagener Schlagsahne. Der Kaffee wird in eine Cappuccinotasse extrahiert und mit etwa 20 Milliliter leicht vorgewärmtem Marillenlikör verlängert. Zum Abschluss kommt noch eine großzügige Haube aus geschlagener Schlagsahne darauf.

Überblick

Herkunft: Österreich
Wassermenge: 60 Milliliter für den doppelten Espresso
Kaffeemenge: 14 Gramm
Durchlaufzeit: 25 Sekunden
Tassen: Cappuccinotasse
Zutaten: 15–20 Milliliter vorgewärmter Marillenlikör, gesüßte geschlagene Schlagsahne
Kaffeeempfehlung: Mischung aus 80 Prozent Arabica und 20 Prozent Robusta

Advocaat-Kaffee, Verpoortoccino

Für diese Kaffeespezialität gibt man zuerst einen doppelten Espresso in ein Latte-macchiato-Glas. Danach kommt etwas Eierlikör in das Glas. Nun schäumt man Milch cremig auf und setzt den flüssigen Milchschaum auf das Kaffee-Eierlikör-Gemisch. Üblicherweise wird der Kaffee mit Schokoflocken bestreut und serviert. Die Verbindung von Kaffee, Eierlikör, Milchschaum und Schokolade offenbart ein geschmacksintensives Erlebnis, das man immer wieder gerne wiederholen möchte.

Eine weitere Variante besteht darin, zuerst den Eierlikör leicht zu erhitzen, ihn in ein großes Glas zu geben und anschließend den Espresso über den Rücken eines Löffels auf den Eierlikör zu geben. Auf diese Weise entstehen zwei Schichten. Als dritte Schicht wird Milchschaum daraufgesetzt und mit Schokostreuseln garniert.

In Belgien nennt man dieses Getränk »Diplomats Kaffee«.

Überblick

Herkunft: Niederlande
Wassermenge: 60 Milliliter für den doppelten Espresso
Kaffeemenge: 14 Gramm
Durchlaufzeit: 25 Sekunden
Tassen: Latte-macchiato-Glas
Zutaten: Espresso, 4 Zentiliter Eierlikör, Milchschaum und Schokoflocken
Kaffeeempfehlung: 100 Prozent Arabica

Pharisäer

Der Legende nach wollte im Jahre 1872 ein Bauer in Nordfriesland die Geburt seiner Tochter mit einem großen Fest feiern. Wie es in Friesland so üblich war, wurden solche Feste mit einer großen Menge an Alkohol gefeiert. Doch der ortsansässige Pastor hatte dem Alkoholkonsum den Kampf angesagt und so durfte kein Alkohol ausgeschenkt werden. Der Bauer griff zu einer List und servierte den Kaffee mit einem großen Schuss Rum. Alle Gäste bis auf den Pastor bekamen diesen Kaffee. Zusehends wurden die Gäste immer betrunkener, was dem Pastor sehr seltsam vorkam, da ja kein Alkohol ausgeschenkt wurde. Als er am Kaffee des Tischnachbarn roch, bemerkte er die List und soll folgenden Ausruf getätigt haben: »Oh, ihr Pharisäer!« Somit war das Nationalgetränk der Friesen erfunden.

Der Kaffee wird mit einem oder besser zwei Schuss Rum und einer großen Haube geschlagener Schlagsahne serviert.

Zubereitung:
Geben Sie 2 oder besser 4 Zentiliter Rum in eine vorgewärmte Tasse und verrühren ihn mit Zucker. Danach geben Sie einen doppelten Espresso dazu und setzen eine große Haube geschlagener Schlagsahne darauf.

Überblick

Herkunft: Deutschland
Wassermenge: 60 Milliliter für den doppelten Espresso
Kaffeemenge: 14 Gramm
Durchlaufzeit: 25 Sekunden
Tassen: Cappuccinotasse
Zutaten: Rum, Zucker, geschlagene Schlagsahne
Kaffeeempfehlung: 100 Prozent Arabica

Schwatten

Diese Kaffeespezialität aus Norddeutschland wird mit einem eher milden Kaffee und viel Kornschnaps getrunken.

Zubereitung:
Geben Sie Kaffee und auf Wunsch auch etwas Zucker in eine Tasse und wärmen Sie den Kornschnaps leicht an – er darf nicht kochen! Danach geben Sie den Korn zum Kaffee und verrühren das Gemisch kräftig. Nun können Sie den Schwatten genießen.

Überblick

Herkunft: Deutschland
Wassermenge: 60 Milliliter für den doppelten Espresso
Kaffeemenge: 14 Gramm
Durchlaufzeit: 25 Sekunden

Tassen: Cappuccinotasse
Zutaten: Zucker, 2 oder 4 Zentiliter Kornschnaps
Kaffeeempfehlung: 100 Prozent Arabica

Rüdesheimer

Dieser Kaffee steht im wahrsten Sinne des Wortes unter Feuer. Er wird üblicherweise in einer großen Rüdesheimer Kaffeetasse aus Porzellan serviert. Der Kaffee soll am Tisch vor dem Kunden flambiert und serviert werden. Er ist also wahrlich ein Erlebnis für alle Sinne.

Zubereitung:
Geben Sie 2 oder 3 Stück Würfelzucker in eine große Tasse. Gießen Sie anschließend 4 Zentiliter Asbach Uralt (oder einen vergleichbaren Schnaps) zu den Zuckerwürfeln. Mit einem langen Streichholz zünden Sie nun den Schnaps an. Während der Alkohol brennt, verrühren Sie Zucker und Alkohol, bis sich der Zucker aufgelöst hat. Ein doppelter Espresso löscht das Feuer. Zum Schluss kommen eine Haube aus gesüßter geschlagener Schlagsahne und nach Belieben etwas Schokostreusel darüber und fertig ist der original Rüdesheimer Kaffee.

Überblick

Herkunft: Deutschland
Wassermenge: 60 Milliliter für den doppelten Espresso
Kaffeemenge: 14 Gramm
Durchlaufzeit: 25 Sekunden
Tassen: Cappuccinotasse oder Rüdesheimer Tasse
Zutaten: Zucker, 4 Zentiliter Asbach Uralt, gesüßte geschlagene Schlagsahne und Schokostreusel
Kaffeeempfehlung: 100 Prozent Arabica

Irish Coffee

Der Irish Coffee ist weit über die Grenzen von Irland hinweg bekannt und hat bis heute eine große Fangemeinde; zahlreiche Variationen erfreuen die Kaffeeliebhaber. Erfunden wurde der Irish Coffee angeblich im Jahre 1942 im Flughafenrestaurant des Shannon International Airport. Der dortige Küchenchef soll die durchfrorenen Fluggäste mit diesem Spezialkaffee gewärmt haben.

Original Irish Coffee zuzubereiten, ist nicht ganz einfach. Iren behauten, dieser Kaffee schmeckt nur mit irischem Whiskey. Verwendet man einen anderen Whiskey, soll die Sahne sofort verderben und der Kaffee ungenießbar sein.

Zubereitung:
Geben Sie zwei Teelöffel braunen Zucker in ein hitzefestes Glas uns erhitzen Sie ihn über einem kleinen Gasbrenner, bis er karamellisiert. Löschen Sie mit 4 Zentiliter echtem irischen Whiskey ab und füllen Sie das Glas mit Kaffee bis knapp unter den Rand auf. Schlagen Sie Sahne mit etwas Vanillezucker so lange, bis sie dickflüssig ist. Gießen Sie die Sahne über den Rücken eines Löffels über den Kaffee, sodass sich zwei Schichten ergeben. Der Kaffee wird nicht umgerührt und durch die Sahneschicht getrunken.

Kerze oder Gasbrenner?

Man kann den Zucker auch über einer Kerze erhitzen. Dies dauert allerdings sehr lange und macht unschöne Ränder am Glas. Am besten funktioniert es mit einem kleinen Gasbrenner, der speziell für die Gastronomie entwickelt wurde.

Überblick

Herkunft: Irland
Wassermenge: 60 Milliliter für den doppelten Espresso
Kaffeemenge: 14 Gramm
Durchlaufzeit: 25 Sekunden
Tassen: Cappuccinotasse
Zutaten: brauner Zucker, 4 Zentiliter irischer Whiskey, mit etwas Vanillezucker cremig geschlagene Schlagsahne
Kaffeeempfehlung: Mischung aus 70 Prozent Arabica und 30 Prozent Robusta

Kaffee Crème

Diese Kaffeevariante aus der Schweiz steht in vielen schweizerischen Gastronomiebetrieben auf der Getränkekarte. Zubereitet wird der Kaffee Crème in einer Siebträgermaschine oder einem Vollautomaten. Im Gegensatz zum Verlängerten oder Café Americano (siehe Seite 122) werden rund 110 Milliliter Wasser durch den Kaffeekuchen in eine Cappuccinotasse gepresst. Zum Schluss kommt noch ein Schuss (etwa 2–4 Zentiliter) Kondensmilch in den Kaffee.

Überblick

Herkunft: Schweiz
Wassermenge: 110 Milliliter oder mehr
Kaffeemenge: 14 Gramm, empfohlen wird ein grober Mahlgrad
Durchlaufzeit: 25 Sekunden
Tassen: Cappuccinotasse
Zutaten: Kondensmilch
Kaffeeempfehlung: Mischung aus 70 Prozent Arabica und 30 Prozent Robusta

Kafi Luz, Kafi Träsch, Luzerner Kaffee

Zubereitung:

Geben Sie drei Stück Würfelzucker in ein hohes Glas und füllen Sie es so weit mit Schnaps (z. B. Korn oder Obstler) auf, bis die Zuckerwürfel bedeckt sind. Rühren Sie um und gießen Sie das Gemisch mit heißem Wasser auf. Zum Schluss wird ein Espresso in die Tasse extrahiert und wieder umgerührt.

Eine andere Variante bevorzugt sehr dünn verlängerten Filterkaffee. Bei dieser Variante wird der Filterkaffee zuerst in die Tasse gegeben, anschließend folgen drei Stück Zuckerwürfel und dann wird das Getränk mit 4 Zentiliter Träsch (Schweizer Obstschnaps) abgeschmeckt.

Die Schweizer lassen übrigens den Löffel im Glas und sind stolz darauf, dass der Kaffee so dünn ist, dass man durch ihn Zeitung lesen kann.

Überblick

Herkunft: Schweiz
Wassermenge: 110 Milliliter oder mehr
Kaffeemenge: 14 Gramm, Espresso- oder Filterkaffee
Tassen: hohes Glas mit Stil
Zutaten: Würfelzucker, rund 4 Zentiliter Schnaps (Träsch oder einen anderen Obstschnaps oder Korn)
Kaffeeempfehlung: 100 Prozent Arabica

Schümli Pflümli

Das perfekte Getränk nach dem Skifahren in den Schweizer Bergen – wärmt durchfrorenen Knochen wieder auf! Man nehme 2–3 Teelöffel Zucker, 4 Zentiliter Pflaumenschnaps, etwas geschlagene Schlagsahne und Kaffee.

Zubereitung:
Geben Sie 2–3 Teelöffel Zucker und 4 Zentiliter Pflaumenschnaps in ein vorgewärmtes Glas. Gießen Sie das Glas nun bis knapp unter den Rand mit Kaffee auf. Zum Schluss kommt noch etwas geschlagene Sahne darauf. Wenn Sie sich nicht als Tourist outen wollen, lassen Sie den Löffel im Glas, denn das gehört sich so.

Überblick

Herkunft: Schweiz
Wassermenge: 110 Milliliter oder mehr
Kaffeemenge: 14 Gramm, Filterkaffee
Tassen: hohes Glas mit Stil
Zutaten: Zucker, rund 4 cl Pflaumenschnaps, geschlagene Schlagsahne
Kaffeeempfehlung: 100 Prozent Arabica

Ristretto

Dieser kleine Italiener hat es in sich. Die Zubereitung erfolgt wie beim klassischen Espresso, nur dass etwa die Hälfte weniger Wasser durch den Kaffeekuchen gepresst wird. Dies hat zur Folge, dass der Kaffee sehr intensiv und stärker schmeckt. Um einen perfekten Ristretto zu bekommen, gibt es zwei Möglichkeiten: Entweder man verfeinert den Mahlgrad, sodass die Durchlaufzeit etwa 25 Sekunden beträgt, oder man erhöht die Kaffeemenge um das Doppelte. Stoppen Sie nicht die Extraktion eines Espressos bei rund 12 Sekunden. Dies wäre ein Fauxpas, den nur ungeübte und unwissende »Kaffeekenner« machen würden.

Überblick

Herkunft: Italien
Wassermenge: rund 12 Milliliter
Kaffeemenge: 8 Gramm
Durchlaufzeit: 25 Sekunden
Tassen: Espressotasse
Kaffeeempfehlung: Mischung aus 80 Prozent Arabica und 20 Prozent Robusta

Espresso Lungo

Bei dieser italienischen Zubereitungsart wird ein Espresso mit der doppelten Wassermenge zubereitet, d. h., die Extraktionszeit wird auf rund 50 Sekunden bei gleichbleibendem Mahlgrad erhöht. Den Lungo trinkt man maximal zum Frühstück. Er ist das Gegenstück zum Ristretto.

Überblick

Herkunft: Italien
Wassermenge: etwa 50 Milliliter
Kaffeemenge: 8 Gramm
Durchlaufzeit: 50 Sekunden
Tassen: Espressotasse
Kaffeeempfehlung: Mischung aus 80 Prozent Arabica und 20 Prozent Robusta

Affogato al caffè

»Affogato« ist italienisch und bedeutet »ertrunken«. Man gibt eine Kugel Vanilleeis in ein kleines Glas und gießt einen Espresso darüber, fertig ist der Affogato al caffè. Das schmelzende Eis wird mit einem kleinen Löffel gegessen.

Überblick

Herkunft: Italien
Wassermenge: 25 Milliliter für den Espresso
Kaffeemenge: 8 Gramm
Durchlaufzeit: 25 Sekunden
Tassen: Cappuccinotasse
Zutaten: eine Kugel Vanilleeis
Kaffeeempfehlung: Mischung aus 80 Prozent Arabica und 20 Prozent Robusta

Kaffee Grappa, Espresso Corretto

Der Kaffee Grappa, auch Espresso Corretto genannt, besteht aus zwei Zutaten: bestem Espresso und ebenso hochwertigem Alkohol – in Italien natürlich feinster Grappa. Dieses Kultgetränk hat eine erstaunliche Reise hinter sich. Grappa wurde früher als »Arme-Leute-Schnaps« bezeichnet. Heute darf dieses köstliche Getränk nur in bestimmten traditionellen Destillieren erzeugt werden. Gemischt mit Kaffee ergibt sich eine besondere Geschmacksnote, die nach mehr schreit.

Corretto bedeutet übrigens »verbesserter« Kaffee, also mit Alkohol verbesserter Kaffee. Brandy, Whiskey, Cognac, Rum, Amaretto und noch viele weitere Alkoholspezialitäten eignen sich für einen Espresso Corretto.

Überblick

Herkunft: Italien
Wassermenge: 25 Milliliter für den Espresso
Kaffeemenge: 8 Gramm
Durchlaufzeit: 25 Sekunden
Tassen: Espressotasse
Zutaten: Grappa
Kaffeeempfehlung: 100 Prozent Arabica

Caffè in ghiaccio

Im Süden Italiens ist der Caffè in ghiaccio in aller Munde. Dieses kalte Kaffeegetränk wird ganz einfach zubereitet. Zuerst gibt man etwa fünf Eiswürfel direkt aus dem Gefrierfach in ein sehr breites Glas. Nun extrahiert man einen Espresso in ein Espressoglas und gibt je nach Belieben etwas Zucker hinzu. Danach gibt man den heißen Kaffee zu den Eiswürfeln in das große Glas. Die Eiswürfel sollten wirklich frisch aus dem Gefrierfach sein. Es darf sich kein Wasser in Glas befinden, dies würde den Geschmack nur verwässern. Der Kaffee kühlt sofort ab und behält sein ursprüngliches Aroma. Man sollte dieses Getränk allerdings rasch konsumieren, da sich der Geschmack schnell verändert.

Überblick

Herkunft: Italien
Wassermenge: 25 Milliliter für den Espresso
Kaffeemenge: 8 Gramm
Durchlaufzeit: 25 Sekunden
Tassen: Espressotasse, großes Glas
Zutaten: Eiswürfel
Kaffeeempfehlung: Mischung aus 80 Prozent Arabica und 20 Prozent Robusta

Bicerin, Bicchierino

Diese Kaffeespezialität aus Turin ist ein Muss für alle Italienfans. Ein kurzer starker Espresso (Ristretto) wird mit Schokolade, Milch und geschlagener Schlagsahne vermischt. Dieses Zusammenspiel ergibt köstliche Gaumenfreuden, die man nicht missen möchte.

Bicchierino bedeutet übrigens »Gläschen« und das Getränk wurden den Damen nach dem sonntäglichen Kirchengang serviert. Erfunden wurde es im Café »Al Bicerin«, das heute noch den klassischen Bicerin ausschenkt. Die genaue Zusammensetzung wird gehütet wie ein Staatsgeheimnis. Es folgt dennoch der Versuch, einen original Bicerin nachzumachen.

Zubereitung:
Erhitzen Sie 150 Milliliter Milch leicht in einem Topf. Zerkleinern Sie 50 Gramm Zartbitterschokolade in kleine Stücke und schmelzen Sie sie in der Milch. Extrahieren Sie nun einen Ristretto in eine Cappuccinotasse und gießen Sie die Milchschokolade vorsichtig auf den Espresso. Zum Abschluss geben Sie noch zwei Löffel halb geschlagene Schlagsahne darüber.

Überblick

Herkunft: Italien
Wassermenge: rund 12 Milliliter
Kaffeemenge: 8 Gramm
Durchlaufzeit: 25 Sekunden
Tassen: Espressotasse
Zutaten: Milch, Zartbitterschokolade, halb geschlagene Schlagsahne
Kaffeeempfehlung: Mischung aus 80 Prozent Arabica und 20 Prozent Robusta

Caffè shakerato (geschüttelter Kaffee)

Dieses kalte Kaffeegetränk ist in den Sommermonaten eine willkommene Abkühlung. Die Basis ist ein Espresso, der zusammen mit Eiswürfeln und etwas Zucker in einem Shaker so richtig schaumig geshakt wird. Nach Belieben kommen noch Vanille-Extrakt, Grappa, Amaretto oder Baileys hinzu. Um die Eiswürfel zurückzuhalten, wird der Kaffee anschließend über ein Barsieb in ein Cocktail- oder Latte-macchiato-Glas gegossen. In manchen Lokalen wird der Caffè shakerato mit Vanilleeis serviert.

Überblick

Herkunft: Italien
Wassermenge: 25 Milliliter für den Espresso
Kaffeemenge: 8 Gramm
Durchlaufzeit: 25 Sekunden

Tassen: Cocktailglas, Latte-macchiato-Glas, großes Glas
Zutaten: Eiswürfel, Vanille-Extrakt, Grappa, Amaretto oder Baileys
Kaffeeempfehlung: Mischung aus 80 Prozent Arabica und 20 Prozent Robusta

Café Romano

Häufig kann man in den italienischen Cafés einen Café Romano bestellen. Bei dieser Kaffeevariante wird ein Espresso mit einer Zitronenscheibe serviert. Man kann die Scheibe auch in den Espresso geben oder den Rand der Tasse mit der Zitronenscheibe einreiben. Der Zitronengeschmack und der Geschmack des Espressos ergänzen sich hervorragend.

Überblick

Herkunft: Italien
Wassermenge: 25 Milliliter für den Espresso
Kaffeemenge: 8 Gramm
Durchlaufzeit: 25 Sekunden
Tassen: Espressotasse
Zutaten: Zitronenscheibe
Kaffeeempfehlung: Mischung aus 80 Prozent Arabica und 20 Prozent Robusta

Café frappé

Café frappé ist in Griechenland sehr populär und passt hervorragend zum Lebensstil der Griechen, denn nichts ist gemütlicher, als mit Freunden in einem kleinen Café zu sitzen und einen kühlen leckeren Café frappé zu genießen. Man vergisst schnell die Zeit und so kann es vorkommen, dass man drei oder vier Frappé getrunken hat, ohne es zu merken. Pure Lebensfreude. Das Getränk soll im Jahr 1957 von Dimitrios Vakondios auf einer Messe erfunden worden sein. Da er kein heißes Wasser für seinen Kaffee hatte, nahm er etwas kaltes Wasser, löslichen Kaffee und einen Shaker … geboren war der erste Café frappé.

Zubereitung:
Café frappé kann man auf zwei Arten zubereiten: im Cocktail-Shaker oder mit einem Frappé-Schäumer. Als Basis dient löslicher Kaffee.

Zubereitung im Cocktail-Shaker: Geben Sie zwei oder drei Teelöffel löslichen Kaffee mit etwas Zucker und etwa zwei Fingerbreit Wasser in einen Cocktail-Shaker. Schütteln Sie, bis der Kaffee schaumig ist. Geben Sie den Kaffee in ein Latte-macchiato-Glas und füllen Sie es mit Eiswürfeln und Wasser auf. Zum Abschluss können Sie noch Kondensmilch dazugeben.

Zubereitung mit dem Frappé-Schäumer (oder alternativ mit dem Milchschäumer): Füllen Sie zwei oder drei Teelöffel löslichen Kaffee in ein Latte-macchiato-Glas und geben Sie nach Belieben etwas Zucker und zwei Fingerbreit Wasser hinzu. Schäumen Sie nun mit einem Frappé-Schäumer kräftig auf. Füllen Sie das Glas anschließend mit Wasser und Eiswürfeln auf.

Bei der amerikanischen Variante wird löslicher Kaffee in Milch aufgelöst, schaumig geschlagen und mit Eiswürfeln serviert.

Auf die Details kommt es an
Beim Aufschäumen beginnt man am Boden und zieht dann langsam nach oben. Der Café frappé wird mit einem Strohhalm serviert. Wichtig ist, dass alle Zutaten kalt sind.

Überblick

Herkunft: Griechenland
Kaffeemenge: zwei oder drei Löffel Instantkaffee
Tassen: Latte-macchiato-Glas
Zutaten: Eiswürfel, Wasser, Milch

Café au lait

Die Franzosen trinken ihren Café au lait, also ihren Kaffee mit Milch, meist nur zum Frühstück. Zubereitet wird dieses Getränk mit einem starken Filterkaffee und warmer Milch im Verhältnis 1:1. Häufig wird auch ein doppelter Espresso verwendet, dies ist aber nicht die klassische Zubereitung und daher nicht zu empfehlen.

Überblick

Herkunft: Frankreich
Kaffeemenge: starker Filterkaffee
Tassen: große Kaffeeschale
Kaffeeempfehlung: 100 Prozent Arabica, meist mit sehr dunkler Röstung

Café Brulot

Natürlich gibt es auch beim Café Brulot eine Vielzahl an Zubereitungsmöglichkeiten. Bei der klassischen Variante wird Cognac oder ein anderer Weinbrand mit Zucker vermischt und flambiert. Anschließend wird mit einem starken Filterkaffee gelöscht.

Bei einer anderen Variante benötigt man etwas Cognac, eine Orange, eine Zimtstange, etwas Zucker, drei Nelken, etwas Zitronenschale und natürlich Kaffee. Alle Zutaten bis auf den Kaffee werden erhitzt und mit einem Streichholz angezündet. Damit die Gewürze nicht ins Glas fallen, gießt man die noch brennende Flüssigkeit durch ein Sieb in ein feuerfestes Trinkglas und löscht mit Kaffee ab.

Überblick

Herkunft: Frankreich
Kaffeemenge: etwa 100–150 Milliliter starker Filterkaffee
Tassen: Cappuccinotasse
Zutaten: Zucker, Cognac, Nelken, Orange, Zimtstange, Zitronenschale
Kaffeeempfehlung: 100 Prozent Arabica

Canard

Diese französische Kaffeespezialität entzündet ein Feuer im Herzen jedes Franzosen. Man verwendet dazu meist einen Filterkaffee, manchmal auch einen Espresso, Zucker und Marc de Champagne. Das ist ein Traubenschnaps aus den Trauben von Chardonnay, Pinot Noir oder Pinot Meunier.

Zubereitung:
Messen Sie 2 Zentiliter Traubenschnaps ab. Nehmen Sie etwas von dem Traubenschnaps und tränken Sie damit einen Zuckerwürfel. Den Rest des Schnaps geben Sie in den Kaf-

fee, den Sie noch nach Belieben mit einer Sahnehaube verzieren können. Nehmen Sie nun den Zucker in den Mund und trinken Sie den Kaffee durch den Würfelzucker. Bon Appetit.

Überblick

Herkunft: Frankreich
Kaffeemenge: etwa 100–150 Milliliter Filterkaffee
Tassen: Cappuccinotasse
Zutaten: ein Zuckerwürfel, Marc de Champagne, je nach Geschmack geschlagene Sahne
Kaffeeempfehlung: 100 Prozent Arabica

Café Noisette

Bei den Franzosen sehr beliebt ist der Café Noisette. Bestellt man dieses Getränk in einem Café oder Restaurant, bekommt man einen kleinen Espresso und dazu etwas warme Milch in einem kleinen Kännchen serviert. Manchmal wird die Milch gleich im Espresso serviert.

Überblick

Herkunft: Frankreich
Wassermenge: 25 Milliliter für den Espresso
Kaffeemenge: 8 Gramm
Durchlaufzeit: 25 Sekunden
Tassen: Espressotasse
Zutaten: Milch, selten auch Schlagsahne
Kaffeeempfehlung: Mischung aus 80 Prozent Arabica und 20 Prozent Robusta

Kaffee Bica, Cafézinho

In Portugal trinkt man gerne sehr starken Kaffee. Dieser wird im Norden des Landes meist als Cafézinho bezeichnet, im Süden hingegen als Bica. Gemeint ist ein starker Espresso aus sehr dunkler Röstung.

In Portugal gibt es eine große Auswahl an Espressovarianten. Wenn man beispielsweise einen **Pingado** bestellt, wird ein Espresso mit sehr, sehr wenig Milch (häufig nur einige Tropfen) serviert. Bestellt man hingegen einen **Garoto**, wird ein Espresso mit Milch im Verhältnis 1:1 gereicht. Bestellt man einen **Café com gelo**, wird ein Glas mit Vanilleeis serviert, dazu ein Espresso, der mit Zucker gesüßt und danach über das Vanilleeis gegossen wird.

Überblick

Herkunft: Portugal
Wassermenge: 25 Milliliter für den Espresso
Kaffeemenge: 8 Gramm
Durchlaufzeit: 25 Sekunden
Tassen: Espressotasse
Kaffeeempfehlung: Mischung aus 70 Prozent Arabica und 30 Prozent Robusta

Café con hielo, Café con tiempo

Bei dieser Kaffeevariante wird ein Espresso gezuckert und in ein großes mit Eiswürfeln gefülltes Glas gegossen. Der abgekühlte Kaffee wird schnell durch die Eiswürfel getrunken.

Überblick

Herkunft: Spanien
Wassermenge: 25 Milliliter für den Espresso
Kaffeemenge: 8 Gramm
Durchlaufzeit: 25 Sekunden
Tassen: Espressotasse, Cappuccinotasse
Zutaten: Eiswürfel
Kaffeeempfehlung: Mischung aus 80 Prozent Arabica und 20 Prozent Robusta

Carajillo

Der Carajillo kann auf verschiedenste Weise zubereitet werden. Meist wird einfach etwas Rum oder Brandy in einen Espresso gegeben und getrunken. Manchmal wird der Alkohol auch flambiert. Will man die heiße Variante versuchen, benötigt man etwas Hochprozentiges wie Rum, Brandy, Anislikör oder auch Whiskey. Man gibt davon eine etwas größere Menge in ein hohes Glas, zündet es an und karamellisiert über dieser Flamme auf einem Löffel etwas Zucker. Anschließend wird der Zucker in das Glas gegeben. Das »Teufelszeug« wird mit einem starken Espresso gelöscht. Im Sommer trinkt man den Carajillo meist mit Eiswürfeln und Anislikör.

Überblick

Herkunft: Spanien
Wassermenge: 60 Milliliter
Kaffeemenge: 14 Gramm
Durchlaufzeit: 25 Sekunden
Tassen: Cappuccinotasse oder Tumbler
Zutaten: Zucker, Rum oder Brandy oder Anislikör oder Whiskey
Kaffeeempfehlung: Mischung aus 80 Prozent Arabica und 20 Prozent Robusta

Barraquito

Diese Kaffeevariante besteht meist aus vier Schichten und bezaubert die Gäste mit einem wunderbaren Farbspiel.

Zubereitung:
Geben Sie gezuckerte Kondensmilch in ein großes Glas. Nehmen Sie einen langstieligen Löffel und lassen über den Rücken sehr langsam und vorsichtig 2 Zentiliter Liquor 42 fließen. Danach setzen Sie eine Schicht Espresso darauf. Die letzte Schicht besteht aus Milchschaum nach Belieben, den Sie mit einem Löffel auftragen. Zum Abschluss streuen Sie noch Zimt darüber und garnieren mit einer Limettenschale. Fertig ist der Barraquito. Augenschmaus und Gaumenexplosion sind garantiert.

Mein Tipp

Der Espresso kann direkt auf den Alkohol extrahiert werden. Durch die unterschiedliche Konsistenz vermischt sich der Kaffee nicht.

Überblick

Herkunft: Spanien
Wassermenge: 60 Milliliter
Kaffeemenge: 14 Gramm
Durchlaufzeit: 25 Sekunden
Tassen: Latte-macchiato-Glas
Zutaten: Kondensmilch, Liquor 42, Milchschaum, Zimt, Limettenschale
Kaffeeempfehlung: Mischung aus 80 Prozent Arabica und 20 Prozent Robusta

Bombón

Etwas Kondensmilch (etwa 40 Milliliter) wird gezuckert und leicht erwärmt. Durch den Zucker wird die Milch dickflüssiger. Nun wird über den Rücken eines Löffels ein Espresso auf die Kondensmilch extrahiert. Es ergeben sich zwei Schichten: unten weiß, oben schwarz. Verwenden Sie hierfür unbedingt ein Espressoglas.

Überblick

Herkunft: Spanien
Wassermenge: 25 Milliliter für den Espresso
Kaffeemenge: 8 Gramm
Durchlaufzeit: 25 Sekunden
Tassen: Espressoglas
Zutaten: gesüßte Kondensmilch
Kaffeeempfehlung: Mischung aus 80 Prozent Arabica und 20 Prozent Robusta

Überblick

Herkunft: Vietnam
Kaffeemenge: 100–150 Milliliter Filterkaffee
Tassen: Wasserglas
Zutaten: gesüßte dickflüssige Kondensmilch
Kaffeeempfehlung: Mischung aus 70 Prozent Arabica und 30 Prozent Robusta, dunkel geröstet

Cà phê sũa

Bestellt man in Vietnam einen »Cà phê sũa«, bekommt man ein Glas serviert, auf dem ein Metallfilter steht. In diesem Filter befindet sich meist eine grob gemahlene starke Arabica/Robusta-Kaffeemischung. Das heiße Wasser wird direkt vom Kunden aufgesetzt. Langsam tröpfelt der Kaffee ins Glas. Dieser wird zum Schluss mit gesüßter Kondensmilch genossen. Bei einer anderen Variante befindet sich die gesüßte Kondensmilch schon im Glas und der Kaffee wird darauf extrahiert. Je kräftiger man umrührt, umso süßer schmeckt der Kaffee. Wird dieser Kaffee mit Eiswürfeln serviert wird, dann heißt er »Cà phê sũa đá«.

Cà phê trúng

Zubereitung:
Bei dieser Kaffeevariation nehmen Sie ein hohes Glas, stellen den typischen vietnamesischen Metallfilter darauf, geben einen gehäuften Esslöffel Kaffeepulver in den Filter und verteilen es gleichmäßig. Nun drücken Sie den Kaffee mit einer kleinen Metallplatte flach und benetzen ihn mit heißem Wasser. Warten Sie 30 Sekunden. Gießen Sie nun weiter auf, bis das Wasser langsam durchgelaufen und der Kaffee extrahiert wurde.

So sieht der Cà phê trúng aus.

In der Zwischenzeit trennen Sie Eiweiß und Eigelb von zwei Eiern. Geben Sie auf die beiden Eigelb einen oder zwei Teelöffel Zucker, etwas Vanilleextrakt und etwa drei Teelöffel Kondensmilch. Mixen Sie das Ganze mit einem Mixer gut durch. Während des Mixens geben Sie etwa einen Teelöffel des heißen Kaffees dazu und verrühren weiter, bis die Konsistenz sehr cremig ist.

Danach geben Sie etwa 80 Prozent des fertig gebrühten Kaffees in ein Glas und setzen vorsichtig und sehr großzügig das verrührte Eigelb darauf. Gießen Sie nun den restlichen Kaffee darüber. Sie erhalten ⅔ Eigelbmischung und ⅓ Kaffee. Der Geschmack kommt dem von Tiramisu sehr nahe.

Überblick

Herkunft: Vietnam
Kaffeemenge: etwa 100–150 Milliliter Filterkaffee
Tassen: Wasserglas
Zutaten: dickflüssige Kondensmilch, zwei Eigelb, Zucker, Vanilleextrakt
Kaffeeempfehlung: Mischung aus 70 Prozent Arabica und 30 Prozent Robusta, dunkel geröstet

Café de olla, Topf-Kaffee

Diese traditionelle mexikanische Kaffeezubereitungsmethode ergibt einen sehr aromareichen Kaffee, den man unbedingt verkosten muss. Die Rezepte sind meist von Generation zu Generation überliefert, daher kann es vorkommen, dass das Getränk von Familie zu Familie anders schmeckt. Traditionell wird der Kaffee in Tontassen serviert.

Sie benötigen Piloncillo (Panela) – oder im Notfall auch braunen Zucker –, eine Zimtstange sowie sehr starken und dunkel gerösteten Kaffee. Piloncillo wird aus unraffiniertem Rohrzucker erzeugt und entsteht durch das Verkochen der Zuckerrohrmelasse. In diesem Zucker sollen sehr viele gesunde Mineralien und Spurenelemente vorhanden sein. Piloncillo wird häufig heilende Wirkung zugeschrieben und soll sehr bekömmlich sein.

Zubereitung:
Geben Sie etwa 1 Liter Wasser in einen großen Topf und fügen Sie je nach Geschmack etwas Piloncillo und die Zimtstange dazu. Kochen Sie das Wasser nun sehr langsam auf und rühren Sie häufig um. Wenn das Wasser kocht, nehmen Sie den Topf von der Feuerstelle und geben etwa 60 Gramm gemahlenen Kaffee dazu. Nach etwa 5 Minuten wird der Kaffee gefiltert und serviert.

Mein Tipp

Kochen Sie auch Nelken, Anis, gemahlenen Koriander oder Schokolade mit. Der Fantasie sind hier keine Grenzen gesetzt.

Überblick

Herkunft: Südamerika
Kaffeemenge: 60 Gramm
Tassen: Tontasse, Wasserglas
Zutaten: Wasser, Piloncillo, Zimtstange, Nelken, Anis, Koriander und/oder andere Gewürze
Kaffeeempfehlung: Mischung aus 70 Prozent Arabica und 30 Prozent Robusta, dunkel geröstet

Red Eye, Black Eye und Death Eye

Dieser Kaffee ist nichts für Weicheier, Beckenrandschwimmer, Warmduscher oder Kakaotrinker. Dieser Kaffee ist für alle, die es hart mögen. Er besteht aus einem Espresso und starkem Filterkaffee. Zuerst gibt man den Espresso in eine Tasse und anschließend gibt man rasch den Filterkaffee dazu. Man kann auch zuerst den Filterkaffee in die Tasse geben und den Espresso darauf extrahieren, das ergibt eine schöne Crema.

Beim **Black Eye** werden 2 Espressi und Filterkaffee verwendet und beim **Death Eye** werden gleich 3 Espressi und Filterkaffee gemischt.

Mein Tipp
Diese Kaffeebombe schmeckt auch kalt mit Eiswürfeln sehr gut.

Überblick

Herkunft: Amerika
Wassermenge: 25 Milliliter pro Espresso und etwa 100–150 Milliliter Filterkaffee
Kaffeemenge: 8 Gramm pro Espresso und Filterkaffee
Durchlaufzeit: 25 Sekunden
Tassen: Cappuccinotasse
Kaffeeempfehlung: Mischung aus 80 Prozent Arabica und 20 Prozent Robusta

Iced Coffee

Iced Coffee ist in Amerika sehr verbreitet und hat dort viel mehr Fans als in Europa. Beim klassischen Iced Coffee gibt man Eiswürfeln in ein großes Glas und anschließend so viel kaltes Wasser dazu, bis die Eiswürfel bedeckt sind. Darüber wird ein doppelter Espresso extrahiert. Alternativ wird mit Filterkaffee aufgegossen.

Überblick

Herkunft: Amerika
Wassermenge: 60 Milliliter für den doppelten Espresso
Kaffeemenge: 14 Gramm
Durchlaufzeit: 25 Sekunden
Tassen: Latte-macchiato-Glas
Zutaten: Eiswürfel, kaltes Wasser
Kaffeeempfehlung: 100 Prozent Arabica

Café Cubano

Auf Kuba liebt man den Café Cubano. Der Tag eines jeden Kubaners beginnt mit einem Café Cubano. Bei diesem Getränk wird Demerara-Zucker in ein Espressoglas gegeben und der Espresso darauf extrahiert. Demerara-Zucker ist nicht raffinierter Zucker, der leicht nach Karamell schmeckt.

Bei einer anderen Variante wird Zucker in ein kleines Kännchen gegeben und anschließend werden etwa drei Teelöffel Espresso hinzugefügt. Nun rührt man so lange, bis die Farbe goldbraun (je mehr Zucker, umso heller) und sehr cremig (dickflüssig) wird. Jetzt extrahiert man zwei Espressi darauf und verrührt das Zucker-Kaffee-Gemisch mit den beiden Espressi. Hat sich das Gemisch aufgelöst, wird der Kaffee in zwei Espressotassen eingeschenkt.

Überblick

Herkunft: Kuba
Wassermenge: 60 Milliliter für den doppelten Espresso
Kaffeemenge: 14 Gramm
Durchlaufzeit: 25 Sekunden
Tassen: Espressotasse
Zutaten: Zucker
Kaffeeempfehlung: 100 Prozent Arabica

Kaffeost, Juustoleipä (Kaffee mit Quietschkäse, Brotkäse)

Eine ganz besondere Kaffeespezialität kommt aus Finnland. Juustoleipä ist Käse aus Kuhmilch und wird häufig in Würfel oder Streifen geschnitten und mit heißem Kaffee übergossen. Der Käse kann auch aus Rentier- oder Ziegenmilch hergestellt werden. Nach einiger Zeit schmilzt der Käse leicht und kann danach herausgelöffelt werden. Der Kaffee bekommt dadurch eine ganz spezielle Geschmacksnote.

Der Käse wird aus dem Kolostrum hergestellt. Das ist die Milch, die direkt nach der Geburt eines Kalbes von der Kuh erzeugt wird. Diese Vormilch ist sehr reich an Nährstoffen und hat weniger Fettanteile als normale Milch.

Überblick

Herkunft: Finnland
Kaffeemenge: etwa 100–150 Milliliter Filterkaffee
Tassen: Cappuccinotasse
Zutaten: Juustoleipä
Kaffeeempfehlung: 100 Prozent Arabica

Café Lágrima

Bestellt man in Argentinien einen Café Lágrima (spanisch für »Träne«), wird ein Getränk bestehend aus sehr viel Milch und Milchschaum sowie einigen Tropfen (Tränen) Kaffee serviert.

Überblick

Herkunft: Argentinien
Kaffeemenge: einige Tropfen Filterkaffee oder einige Tropfen Espresso
Tassen: Cappuccinotasse
Zutaten: Milch und Milchschaum
Kaffeeempfehlung: 100 Prozent Arabica

Marokko

Gemahlener Kaffee, gemahlener Zimt, gemahlener Ingwer, gemahlener Pfeffer, Nelken und gemahlene Muskatnuss werden in einen großen Topf mit Wasser auf den Herd gestellt und langsam erhitzt. Wenn das Wasser kocht, wird der Kaffee durch ein Sieb in Tassen gegossen, die Gewürze müssen im Topf bleiben. Dieser sehr aromatische Kaffee wird von Familie zu Familie anders zubereitet. Es variieren nicht nur die Zutaten, sondern auch die Menge an Kaffee und Gewürzen.

Eine weitere sehr verbreitete Zubereitungsart besteht darin, dass Kaffeebohnen mit Pfeffer und Muskat gemeinsam gemahlen und aufgebrüht werden. Diese Methode ergibt ein sehr intensives Geschmackserlebnis.

Überblick

Herkunft: Marokko
Kaffeemenge: je nach Geschmack und Stärke 2–5 Löffel Kaffeepulver
Tassen: Cappuccinotasse
Zutaten: Zimt, Ingwer, Pfeffer, Nelken, Muskatnuss
Kaffeeempfehlung: 100 Prozent Arabica

Yuenyeung

Diese Mischung aus Tee und Kaffee wird in Hongkong sehr gerne getrunken. Das Getränk ist sehr vielfältig und reich an verschiedenen Aromen. Durch den hohen Koffeingehalt wirkt der Kaffee sehr belebend.

Man gibt ⅓ Kondensmilch in ein Glas. Dazu kommen ⅓ gekühlter Filterkaffee und ⅓ gekühlter schwarzer Tee. Nun gibt man so viel Eiswürfel in das Glas, bis es voll ist.

Das Getränk kann man auch heiß zubereiten. Dazu verwendet man 50 Prozent schwarzen Filterkaffee, 50 Prozent schwarzen Tee und etwas Kondensmilch.

Überblick

Herkunft: China
Kaffeemenge: etwa 100–150 Milliliter Filterkaffee
Tassen: Cappuccinoglas
Zutaten: schwarzer Tee, Kondensmilch
Kaffeeempfehlung: 100 Prozent Arabica

Flat White

Flat-White-Kaffee ist vor allem in Australien und Neuseeland in aller Munde und aus den Cafés nicht mehr wegzudenken. Dieser Trend hat nun auch Europa erreicht und so kann man in vielen Kaffeebars und Restaurants einen Flat White bestellen. Der Kaffee besteht aus einem Teil Espresso, einem Teil sehr flüssigem Milchschaum und einem Teil etwas festerem Milchschaum. Im Gegensatz zum Cappuccino wird der Milchschaum sehr flüssig aufgeschäumt, sodass nur eine sehr dünne Milchschaumschicht vorhanden ist.

Häufig wird statt eines Espressos ein Ristretto oder auch ein doppelter Ristretto extrahiert, wodurch der Kaffee noch geschmacksintensiver und stärker wird.

Überblick

Herkunft: Australien
Wassermenge: 25 Milliliter
Kaffeemenge: 8 Gramm

Durchlaufzeit: 25 Sekunden
Tassen: Espressotasse
Zutaten: Milch
Kaffeeempfehlung: Mischung aus 80 Prozent Arabica und 20 Prozent Robusta

Karsk, Kaffekask

Dieses alkoholhaltige Kaffeegetränk kommt aus dem skandinavischen Raum und wurde früher vor allem von der Landbevölkerung konsumiert. Die Menschen gaben eine Münze in ein Glas, gossen Kaffee darüber, bis die Münze nicht mehr sichtbar war, und gossen danach mit Likör auf, bis man die Münze wieder sehen konnte. Heute verwendet man meist Wodka statt Likör.

Überblick

Herkunft: Norwegen
Kaffeemenge: rund 100–150 Milliliter Filterkaffee
Tassen: Cappuccinoglas
Zutaten: Likör oder Wodka
Kaffeeempfehlung: 100 Prozent Arabica

Café Touba

Grüne Robusta-Kaffeebohnen werden zusammen mit Pfefferkörnern und häufig auch Gewürznelken in einer Pfanne dunkel geröstet. Nachdem der Kaffee und die Gewürze abgekühlt sind, wird das Ganze mit einem kleinen Mörser zermalmt oder auch in einer Kaffeemühle gemahlen. Nun wird Wasser in einer Kanne auf der Feuerstelle erhitzt. Das Kaffee-Gewürz-Gemisch wird in einen Filter gegeben und das heiße Wasser wird darüber in eine andere Kanne gegossen. Dieser Vorgang wird meist drei Mal wiederholt. Danach kommt der Kaffee in die Tassen und wird mit reichlich Zucker gesüßt.

Überblick

Herkunft: Senegal

Es ist sehr schwer, hier Mengenangaben zu machen, da die Mischverhältnisse sehr vielfältig sind. Am besten, Sie versuchen die für Ihren persönlichen Geschmack beste Mischung zu finden.

Bulletproof Coffee

Diese Kaffeevariante soll beim Abnehmen helfen, fit machen und vor allem Energie für den Tag liefern. Die Zutaten für einen echten Bulletproof sind 100–200 Milliliter hochwertiger Filterkaffee, einen Esslöffel Butter und einen Esslöffel MCT-Öl (aus Kokosöl). Man mixt diese drei Zutaten mit einem Stabmixer und fertig ist das Getränk. Ob man damit glücklich wird, muss jeder für sich selbst herausfinden. Doch eine spannende Art, Kaffee zu genießen, ist diese Variante auf alle Fälle.

Der Legende nach soll der Amerikaner Dave Asprey (Erfinder des Bulletproof) bei minus 25 Grad Celsius und auf über 5000 Höhenmetern in einem kleinen Bergdorf von einer tibetanischen Frau einen Yakbutter-Tee bekommen haben. Reisende sollen nach dem Konsum dieses Getränks wieder schnell zu

Kräften gekommen sein. Asprey beobachtete, wie er plötzlich sehr viel mehr Energie hatte. Das soll ihn dazu veranlasst haben, ein wahres Supergetränk zu erfinden. Er entwickelte daraufhin den Bulletproof Coffee, der weit über die Grenzen Amerikas hinweg eine große Fangemeinde gefunden hat, vor allem bei Menschen, die Gewicht verlieren wollen.

Alternativ kann man auch etwa einen halben Liter Filterkaffee zubereiten, der dann mit 2 Esslöffeln Butter und 2 Esslöffeln MCT-Öl in einem Mixer vermischt wird.

Überblick

Herkunft: Amerika
Kaffeemenge: 100–200 Milliliter hochwertiger Filterkaffee
Tassen: Cappuccinoglas
Zutaten: Butter und MCT-Öl
Kaffeeempfehlung: 100 Prozent Arabica

TOCO

TOCO ist ein Kaffeegetränk der »Third Coffee Wave« und erfreut sich einer immer größer werdenden Beliebtheit und auch Bekanntheit. In vielen Kaffeebars, Restaurants und Bars ist der TOCO auf der Getränkekarte zu finden und das nicht ohne Grund. Dieses Getränk ist einfach zuzubereiten, schmeckt sehr köstlich und ist auch noch optisch ein Blickfang.

Zubereitet wird der TOCO in einem Longdrinkglas. Zuerst gibt man eine Handvoll Eiswürfel in das Glas und anschließend so viel Tonic Water dazu, dass noch Platz für einen doppelten Espresso und eine etwa 2 Zentimeter hohe Schaumschicht ist. Die Eiswürfel schwimmen obenauf. Nun wird ein Espresso vorsichtig über die Eiswürfel in das Glas extrahiert oder geleert. Aber Achtung: Schüttet man den Espresso zu schnell in das Tonic Water, schäumt dieses auf und kann überlaufen. Daher ist es besser, den Espresso über einen Eiswürfel oder einen Löffel einzugießen. Darüber wird zum Schluss die Schaumkrone gesetzt. Es bilden sich damit drei Schichten: Tonic Water, Kaffee und Schaum.

Der herbe Geschmack des Tonic Waters ergänzt sich mit einem fruchtigen Espresso sehr gut. Diese Kombination muss man einfach probiert haben.

Überblick

Herkunft: Europa
Wassermenge: 60 Milliliter
Kaffeemenge: 14 Gramm
Durchlaufzeit: 25 Sekunden
Tassen: Longdrinkglas
Zutaten: Eiswürfel, Tonic Water
Kaffeeempfehlung: Mischung aus 70 Prozent Arabica und 30 Prozent Robusta

Rohkaffeebohnen-Kaffee

Extrakte oder Pulver aus den grünen Rohkaffeebohnen werden in vielen Medien als Schlankmacher beworben. Findige Unternehmer setzen auf die Inhaltsstoffe der Bohne. Chlorogensäure soll den Körper daran hindern, Zucker aufzunehmen. Dadurch wird weniger Glucose erzeugt, die letztlich als Fett eingelagert würde.

Das Grüne-Bohnen-Extrakt gibt es als Pillen oder als Pulver zum Einnehmen.

Natürlich kann man auch Rohkaffee mahlen und extrahieren. Dies funktioniert mit der Espressomaschine oder mit Filtermethoden. An den Geschmack muss man sich aber gewöhnen.

Grüne-Bohnen-Tee

Kleine und große Konzerne haben die Rohkaffeebohne für sich entdeckt. Grüne-Bohnen-Tee soll zum Kultgetränk gemacht werden. Rohkaffeebohnen in Teebeuteln, die man wie herkömmlichen Tee aufgießen kann, kosten rund 5 Euro und schmecken nach Kräutertee, Heu und Blumenwiese.

Rezepte für Kaffee-Cocktails

Wenn man die Cocktailkarten in den Bars genauer studiert, findet man viele Getränke, bei denen Kaffee ein wesentlicher Bestandteil ist. Diese Cocktails erfreuen sich einer immer größeren Fangemeinde. Viele Bars variieren zwischen Kahlua (Kaffeelikör) oder Espresso, wobei der Filterkaffee auch immer beliebter als Cocktailbestandteil wird. Ich möchte Ihnen die beliebtesten Rezepte hier vorstellen. Nachmachen ist unbedingt erwünscht!

Mein Tipp
Grundsätzlich sollten Gläser für Drinks oder Cocktails immer vorgekühlt werden.

White Russian

Der White Russian ist zwar kein Kaffee-Cocktail im klassischen Sinne, doch aufgrund seiner Beliebtheit und seines Kaffeelikörs muss dieser perfekte After-Dinner-Drink hier erwähnt werden.

Häufig wird der White Russian mit Eiswürfeln serviert. Die klassische Variante sieht jedoch keine Eiswürfel vor.

Seine große Bekanntheit verdankt dieser Drink unter anderem dem Film »The Big Lebowski« von Ethan und Joel Coen. Der »Dude«, gespielt von Jeff Bridges, trinkt seinen White Russian wie folgt: einige Eiswürfel in ein Glas geben, das Glas zur Hälfte mit Wodka auffüllen, etwa 2 Zentiliter Kahlúa dazugeben, mit Milch oder Sahne auffüllen, umrühren und genießen.

Beim **Black Russian** wird auf die Sahne übrigens gänzlich verzichtet.

Zutaten:
3 cl Wodka, 2 cl Kahlúa, Sahne

Zubereitung:
Wodka und Kahlúa mit Eiswürfeln in einem Glas verrühren. Nun das kalte Wodka-Kahlúa-Gemisch über ein Sieb in ein Cocktailglas mit Stiel abseihen. Zum Schluss leicht geschlagene Sahne daraufsetzen, ohne dass sich die Schichten vermischen.

Black Jack

Zutaten:
3 cl Whiskey, 1 cl Kirschbrand, 1 Tasse kalter Kaffee, Zucker nach Belieben

Zubereitung:
Alle Zutaten in ein Glas geben, Eiswürfel dazugeben und umrühren.

Michaela on ice

Zutaten:
Eiswürfel, ein Espresso, 40 ml Champagner oder Sekt, Tonic Water, Zitronenscheibe, etwas Zucker

Zubereitung:
Drei Eiswürfel in ein hohes Glas geben und den Espresso darübergießen. Champagner und etwa 1 Teelöffel Zucker dazugeben, mit Tonic Water auffüllen, umrühren und mit der Zitronenscheibe garnieren.

Hot Marie

Zutaten:
3 cl Weinbrand, 2 cl brauner Rum, 1 cl Tia Maria, eine Tasse Kaffee

Zubereitung:
Alle Zutaten in einem feuerfesten Glas erhitzen und mit einer Tasse Kaffee auffüllen. Nach Belieben mit Zucker abschmecken.

Black Magic

Zutaten:
Eiswürfel, 5 cl Wodka, 1 cl Kahlua, 1 Tasse kalter Kaffee, etwas Zitronensaft

Zubereitung:
Alle Zutaten in einem Becherglas miteinander verrühren.

Café Caen

Zutaten:
2 cl Grand Marnier, 3 cl Calvados, 1 Tasse heißer Kaffee, geschlagene Sahne

Zubereitung:
In einem feuerfesten Glas Calvados und Grand Marnier erhitzen. Eine Tasse heißen Kaffee darübergießen und kräftig umrühren. Zum Schluss eine Haube leicht geschlagene Sahne daraufsetzen. Auf Wunsch etwas zuckern.

Café Cointreau

Zutaten:
eine Tasse Kaffee, 4 cl Cointreau, etwas Zucker, geschlagene Sahne

Zubereitung:
Den Kaffee und den Cointreau leicht erwärmen und in ein Stielglas geben. Etwas zuckern und zum Schluss eine Haube leicht geschlagener Sahne daraufsetzen.

Pucci

Zutaten:
2 cl Amaretto, 2 cl goldener Rum, etwas brauner Zucker, einen Espresso, geschlagene Sahne

Zubereitung:
Amaretto und Rum in einem feuerfesten Glas erwärmen, etwas braunen Zucker dazugeben, unterrühren und mit einer Tasse Espresso löschen. Zum Schluss leicht geschlagene Sahne daraufsetzen.

Café San Juan

Zutaten:
4 cl goldener Rum, Eiswürfel, 1 Tasse kalter starker Kaffee, Zitrone inkl. Schale, etwas Zucker

Zubereitung:
Den goldenen Rum mit Eiswürfeln in ein Glas geben, den Kaffee dazugeben, umrühren, mit einem Stück Zitrone abspritzen und mit der Schale servieren. Etwas Zucker dazugeben.

Ladies Delight

Zutaten:
Crushed Eis, 4 cl Kirschwasser (oder einen anderen Obstbrand), 1 cl Zuckersirup, kalter Kaffee, etwas flüssige Sahne

Zubereitung:
Ein Cocktailglas mit Stil halb voll mit Crushed Eis füllen, das Kirschwasser und den Zuckersirup daraufgeben. Mit kaltem Kaffee auffüllen, bis das Glas etwa drei viertel voll ist. Sahne dazugeben und mit einem Strohhalm servieren.

Espresso Martini

Zutaten:
1 cl Kahlúa, 5 cl Wodka, etwas Zuckersirup, 1 starken Espresso, Eiswürfel

Zubereitung:
Alle Zutaten in einen Shaker geben und kräftig schütteln. Serviert wird der Drink in einem hohen flachen Cocktailglas (einer Cocktailschale) ohne Eis. Statt Wodka wird häufig auch Martini verwendet.

African Queen

Zutaten:
doppelter Espresso, 2 cl Amaretto, 2 cl Triple Sec, geschlagene Sahne, Cocktailkirsche

Zubereitung:
Den doppelten Espresso in ein Cappuccinoglas extrahieren. Amaretto und Triple Sec dazugeben und alles vermischen. Die Queen mit einer Haube geschlagener Sahne und einer Cocktailkirsche servieren.

Kaffee Brasil

Zutaten:
2 cl brauner Rum, 2 cl Weinbrand, Eiswürfel, 2 cl Sahne und 15 cl Kaffee

Zubereitung:
Zuerst einige Eiswürfel in ein Longdrinkglas geben. Rum, Weinbrand und Sahne dazugeben und leicht umrühren. Zum Schluss den Kaffee in das Glas extrahieren und nicht mehr umrühren. Strohhalm dazugeben und genießen.

Russischer Bär

Zutaten:
3 cl Kahlúa, 6 cl Wodka, doppelter Espresso, 2 cl Sahne

Zubereitung:
Kahlúa und Wodka in einem feuerfesten Glas erhitzen und mit dem heißen Espresso vermischen. Zur Krönung die Schlagsahne dazugeben.

Calypso Coffee Cocktail

Zutaten:
4 Teile Kaffee, 1 Teil kubanischer Rum, 1 Teil Kahlúa, halb steif geschlagene Sahne, Schokostreusel

Zubereitung:
Kaffee, Rum und Kahlúa in ein Glas geben und vermischen. Sahne draufsetzen und mit Schokostreuseln garnieren.

Spezialkaffees – die teuersten Kaffeesorten der Welt

Kaffee ist nicht gleich Kaffee, das wissen wir jetzt schon. Spezialkaffees – also exklusive Bohnen – sind eine Klasse für sich. Ein Kilogramm gerösteter Kaffee kann bis zu 1000 Euro oder auch mehr kosten. Diese exklusiven Bohnen finden immer mehr Anhänger, denn bei vielen, aber bei Weitem nicht allen Sorten schmeckt der Kaffee wirklich exklusiv gut.

Blue-Mountain-Kaffee aus Jamaica wird häufig in Fässern ausgeliefert.

Jamaica Blue Mountain

Kaffeegenießern, die exklusiven Kaffee bevorzugen, sind die Bohnen aus Jamaica wohlbekannt. Die Arabica-Bohnen wachsen auf etwa 1700 Metern Höhe. Das einzigartige Klima macht diesen Kaffee zu einem der besten der Welt. Das begrenzte Anbaugebiet auf den Bergen Jamaicas zeichnet sich durch eine hohe Feuchtigkeit sowie kühle Temperaturen, viele Wolken und viel Nebel aus. Durch die Wolken kann wenig Sonnenlicht zu den Kaffeepflanzen vordringen, dies verlangsamt das Wachstum und gibt den Kirschen ein ganz spezielles Aroma. Neben dem Klima hat auch der spezielle Boden eine große Auswirkung auf den Geschmack.

Bohnen aus Jamaica gehören zu den teuersten der Welt.

Jamaica-Blue-Mountain-Bohnen werden nicht wie andere Rohkaffeebohnensorten in Säcken, sondern in Fässern geliefert. Aufgrund des relativ kleinen Anbaugebietes gibt es sehr wenig Rohkaffee, dies ist auch ein Grund, warum dieser Kaffee so teuer ist.

Geschmack: Jamaica Blue Mountain schmeckt sehr fruchtig, etwas süßlich und nussig. Der Kaffee hat eine leichte Säure.

Preis pro Kilogramm: ca. 300–1000 Euro oder mehr

Empfohlene Zubereitungsmethode: Karlsbader Kanne, Chemex

Kona-Kaffee gehört zum besten der Welt.

Kona

Sehr mineralreiches Vulkangestein zeichnet die Insel Big Island aus. Nur Kaffee aus einem begrenzten Gebiet der hawaiianischen Insel in Hängen der Vulkane Mauna Loa, Hualalai und Mauna Kea im Distrikt Kona darf als Kona-Kaffee bezeichnet werden. Diese Arabica-Bohne wächst auf rund 850 Metern Seehöhe. Das sehr milde Klima, die hohe Luftfeuchtigkeit und das Vulkangestein lassen eine ganz besondere Bohne entstehen, die bei vielen Kaffeefans für Entzückung sorgt.

Kona-Kaffee wird in verschiedenen Qualitätsstufen gehandelt. Kona Extra Fancy, Number uno, Select oder auch Kona Prime sind Bezeichnungen für die höchste Qualität der Bohnen aus Hawaii.

Geschmack: Schokolade, ein kraftvoller Körper mit etwas Süße und häufig Zitronenaroma lassen diesen Kaffee zu einem wahren Genussfest werden.

Preis pro Kilogramm: ca. 100–500 Euro oder mehr

Empfohlene Zubereitungsmethode: Karlsbader Kanne, AirPress, French-Press

Geisha (Gesha)

Dieser sehr hochwertige Arabica-Kaffee wird von Price Peterson auf seiner Kaffeefarm »Hacienda La Esmeralda« in Panama angebaut. Das sehr feuchte und kühle Klima in der Region Boquete sorgt für eine spezielle Note im Kaffee. Die Farm befindet sich auf einer Seehöhe von über 1600 Metern, wo durchschnittlich eine Temperatur von rund 25 Grad Celsius herrscht. In den Hängen des Vulkans

Reife Kaffeekirschen werden in der Sonne getrocknet.

Baru wurde die Bohne kultiviert und erfreut sich seit vielen Jahrzehnten großer Beliebtheit. Die Bohne kommt ursprünglich aus Äthiopien und fand um 1930 ihren Weg nach Amerika.

Geschmack: Eine Note von Jasmin, Beeren, Zitronen und Koriander lassen die Herzen der Kaffeefans höher schlagen.

Preis pro Kilogramm: Preise über 700 Euro sind keine Seltenheit.

Empfohlene Zubereitungsmethode: Filtermethoden

Napoleon Bonaparte hat seinen Teil dazu beigetragen, diesen Kaffee so berühmt zu machen.

St. Helena (Green Tipped Bourbon Arabica)

Einst wurde Napoleon Bonaparte auf die Insel St. Helena im Südatlantik verbannt. Er soll dort sehr viel Kaffee getrunken haben und hat den Geschmack sehr gelobt. Die Loblieder Napoleons sind einer der Gründe, warum dieser Kaffee so einen hohen Bekanntheitsgrad erreicht hat.

Das milde Klima auf einer Seehöhe von rund 700 Metern gibt diesem Kaffee eine Note aus Honigmelone, Karamell oder auch Zitronen. Auf den wenigen Kaffeefarmen der Vulkaninsel werden die Bohnen noch mit der Hand geerntet und es wird ganz auf maschinelle Hilfe verzichtet. Dies spiegelt sich auch im Preis wider. Zudem ist der Kaffee aufgrund der sehr geringen Rohkaffeebohnenmenge und der steigenden Nachfrage sehr teuer geworden. Die Bohnen werden als »Green Tipped Bourbon Arabica«-Kaffee bezeichnet.

Geschmack: Eine sehr blumige und fruchtige Note kombiniert mit einem kräftig milden Aroma nach Zitrone und Karamell lassen diesen Kaffee zu etwas ganz Besonderem werden.

Empfohlene Zubereitungsmethode: French-Press, Karlsbader Kanne

Kopi Luwak – Katzenkaffee

Kaum jemand hat noch nicht vom sogenannten Katzenkaffee gehört. Kopi Luwak gehört zu den exklusivsten und teuersten Kaffeesorten der Welt. Den Namen hat er vom indonesischen Fleckenmusang. Diese Schleichkatzenart hat ein sehr großes Nahrungsrepertoire und frisst neben Würmern, Maden und anderen Insekten auch Kaffeekirschen. Bei der Verdauung werden die Kirschen durch bestimmte Enzyme fermentiert. Da die Katzen nur das Fruchtfleisch verdauen können, werden die Bohnen wieder ausgeschieden. Nach der Ausscheidung werden diese gewaschen und in der Sonne getrocknet.

Der Preis für diese Bohnen kann bis zu 10 000 Euro betragen. Er ist abhängig von der Kaffeekirsche, die die Katzen fressen, und von Angebot und Nachfrage. Da das Angebot ständig steigt, werden bereits viele Tiere in kleinen Käfigen unter schlimmen hygienischen Bedingungen gehalten. Viele Tiere leiden an Mangelerscheinungen, oft auch an Haarausfall, und zeigen häufig Verhaltensstörungen. Zahlreiche Tierschützer kämpfen gegen diese Tierhaltung, scheinen aber wenig Erfolg zu haben, da sich der Kaffee zu einer sehr wichtigen Einnahmequelle der Menschen entwickelt hat. Die natürliche vom Fleckenmusang fermentierte Kaffeemenge beläuft sich pro Jahr auf etwa 300 Kilogramm, benötigt wird aber ein Vielfaches.

Wissenschaftler haben das Enzym im Verdauungstrakt des Fleckenmusangs entschlüsselt und im Labor nachgebaut. Die Fermentation kommt qualitativ allerdings nicht an das der »Katzenfermentation« heran. Kunden bevorzugen immer noch vermehrt den originalen Katzenkaffee und so wird sich die Situation der Tiere noch weiter verschlechtern. Viele Bauern reagieren auf die Vorwürfe der Tierquälerei und errichten große Gehege und Farmen, auf denen sich die Tiere frei bewegen können. Doch Kopi Luwak aus diesen und anderen Farmen schmeckt anders und lässt sich mit dem natürlichen Original wenig vergleichen. Dies mag auf das vielfältige Nahrungsangebot in der Natur und auf das psychische Wohlbefinden der Tiere zurückzuführen sein. In Gehegen bekommen die Tiere fast nur Kaffeekirschen zu fressen und das hat Auswirkungen auf den Kaffeegeschmack.

Der Fleckenmusang frisst auch Kaffeekirschen. Durch die tierische Fermentation entsteht ein ganz besonderer Kaffee. Kopi Luwak werden oft in Farmen gehalten.

Geschmack: Kopi Luwak schmeckt leicht süßlich und sehr mild mit einer erdigen Note.

Preis pro Kilogramm: ca. 800–10 000 Euro oder mehr

Empfohlene Zubereitungsmethode: Mokkakanne oder Handfilter

Black Ivory – Elefantenkaffee

Black-Ivory-Kaffee aus Thailand wird auf ähnliche Weise wie der Kopi-Luwak-Kaffee hergestellt. Doch hat hier der Tierschutzgedanke einen hohen Stellenwert. Die Kaffeeveredelung findet in der »Golden Triangle Asian Elephant Foundation« statt, die sich in Chiang Saen befindet. In dieser Stiftung für alte Elefanten werden 8 Prozent des Erlöses für die Elefanten (Futter, Tierarzt, Betreuung usw.) verwendet. In diesem »Altersheim« werden die Tiere rundum betreut und es wird gut für sie gesorgt. Für 1 Kilogramm Black-Ivory-Kaffee werden über 30 Kilogramm Rohkaffeebohnen benötigt. Diese Bohnen wachsen auf rund 1600 Metern Seehöhe. Die Fermentation der thailändischen Arabica-Bohnen erfolgt im Magen der Dickhäuter, wo bestimmte Enzyme Proteine spalten. Sind die Bohnen ausgeschieden, müssen sie gesäubert und in der Sonne getrocknet werden.

Preis pro Kilogramm: Rund 1000 Euro zahlen Liebhaber dieses Kaffees.

In den Tropen wirken die Monsunwinde auf den Trocknungsprozesses des Kaffees ein. Dadurch entsteht ein ganz besonderer Kaffee.

Geschmack: Dem Black-Ivory-Kaffee wird eine sehr blumige Note nachgesagt, er ist mild im Geschmack, nussig, schokoladenartig und trägt eine Note von Beeren.

Empfohlene Zubereitungsmethode: Handfilter

Indian Monsooned Malabar

Rohkaffeebohnen werden einige Wochen im Jahr dem Monsun ausgesetzt, einer speziellen Luftzirkulation in den Tropen. Durch die Einwirkung dieser Monsunwinde und des Regens bekommt der Kaffee eine sehr schokoladige Note und ist bei Espressotrinkern aufgrund seiner köstlichen Crema sehr beliebt. Diese Aufbereitungsart nennt man »Monsooning« und kommt unter anderem in Indien in der Region Malabar zum Einsatz.

Der Überlieferung nach dauerte die Reise des Kaffees von Indien nach Europa mit alten Segelschiffen sehr lange. Der Kaffee wurde damals lose und offen in den Schiffen transportiert. Bei der Überfahrt waren die Rohkaffeebohnen dem wechselnden Wetter (Wind, Regen, Sonnenschein) ausgesetzt und haben so ihren speziellen Geschmack bekommen, den man in Europa so sehr schätzte. Mit der Zeit haben sich die Transportbedingungen geändert. Kaffee wurde mit Dampfschiffen viel schneller transportiert, was sich sehr negativ auf den Geschmack auswirkte. Heute werden die Bohnen auf rund 1300 Metern Seehöhe angebaut und dem Monsun ausgesetzt, sodass der köstliche Geschmack wieder die Gaumen der europäischen Kaffeetrinker erfreuen kann.

Geschmack: Der Kaffee schmeckt säurearm, sehr weich und würzig und hat einen sehr intensiven und vollen Körper.

Preis pro Kilogramm: ca. 100–500 Euro oder mehr

Empfohlene Zubereitungsmethode: Siebträger

Yauco Selecto

Auf einer Seehöhe von rund 1800 Metern im Hochland von Puerto Rico wird der Yauco-Selecto-Kaffee angebaut. Der sehr fruchtbare Lehmboden sowie das angenehme Klima geben diesem Kaffee einen ganz speziellen Geschmack. Der Kaffee wird auf drei Kaffeefarmen im Südwesten der Insel angebaut. Die sehr lang anhaltende Regenzeit in diesem Gebiet hat Auswirkungen auf den Geschmack des Kaffees, der unter anderem sehr intensiv nach Tabak und Bitterschokolade schmecken soll.

Im Gegensatz zu vielen anderen Kaffeesorten bleibt der Rohkaffee bis zu seiner Verschiffung im Pergamenthäutchen und wird erst kurz vor der Auslieferung geschält. Somit werden die Frische und die hohe Qualität gewährleistet, was wiederum eine positive Auswirkung auf den Geschmack hat.

Geschmack: Der Yauco Selecto hat eine feine Säure und schmeckt weich und würzig.

Preis pro Kilogramm: ca. 60–200 Euro oder mehr

Empfohlene Zubereitungsmethode: Siebträger

Kopi Toraja Tongkonan Gunung Sesean

Auf den Vulkanböden der Insel Sulawesi rund um den Berg Sesean wird von der Volksgruppe der Toraja in Hausgärten auf rund 1700 Metern Seehöhe dieser ganz erlesene Kaffee angebaut. Die Toraja verarbeiten Kaffee noch auf eine sehr alte traditionelle Weise. Die roten Kirschen werden per Hand gepflückt, in Holzfässer gegeben und mit reinem Quellwasser bedeckt. Durch das ständige Stampfen mit einem Stößel wird das Fruchtfleisch vorsichtig entfernt und die Bohnen werden gewaschen. Danach kommen die Bohnen in die Sonne und werden langsam unter ständigem Wenden getrocknet. Dieser Prozess kann bis zu vier Wochen dauern, denn es kommt häufig vor, dass aufgrund starker Regenfälle die Bohnen eingesammelt und vor dem Regen geschützt werden müssen. Wenn die Bohnen vollständig getrocknet sind, lösen die Toraja mit der Hand die Pergamentschale von den Bohnen. Es werden nur fehlerfreie Bohnen verpackt. Verschifft werden die Bohnen in kleinen Holzfässern, die mit symbolischen Bildern aus der alten Kultur der Toraja bemalt wurden. Pro Jahr werden etwa 1,5 Tonnen Kaffee exportiert.

Geschmack: Der Kaffee hat ein leichtes Süßholzaroma und ein kräftiges rundes, würziges Aroma.

Preis pro Kilogramm: ca. 200–500 Euro oder mehr

Empfohlene Zubereitungsmethode: Karlsbader Kanne, Chemex

Excelsa

Excelsa ist eine der seltensten und auch teuersten Kaffeesorten der Welt. Entdeckt wurde diese Sorte 1904 im Tschad. Sie gehört zur Familie des Liberica-Kaffees. Die Bohnen sind der Robusta-Bohne sehr ähnlich, unterscheiden sich aber im Geschmack. Die Pflanze ist sehr hitzeresistent und benötigt nur wenig Feuchtigkeit, ideal für den trockenen Boden rund um den Tschadsee in Afrika. Die Wurzeln der Pflanze reichen tief in das Erdinnere, die Pflanze ist sehr robust und wird bis zu 20 Meter hoch, hat aber meist nicht viele Kirschen.

Durch die lange Reifezeit von bis zu 15 Monaten wird nur sehr wenig Kaffee produziert.

Da der Kaffee sehr stark und geschmacksintensiv ist, wird er wie die Robusta-Bohne häufig mit anderen Kaffeesorten gemischt.

Geschmack: Der Kaffee hat einen erdigen Geschmack und ein starkes Aroma.

Preis pro Kilogramm: ca. 100–500 Euro oder mehr

Empfohlene Zubereitungsmethode: Siebträger

Der Jacu-Vogel ist in Brasilien heimisch. Er wird oft in Farmen gehalten und fermentiert Kaffee in seinem Magen.

Jacu-Bird-Kaffee

Der nächste Kaffee, der mit tierischer Hilfe fermentiert wird, ist der Jacu-Bird-Kaffee. Der Jacu ist ein truthahngroßer Vogel. Er pickt in den brasilianischen Kaffeeplantagen nur die reifen und besten Kaffeekirschen von den Bäumen. Die Fermentation findet im Vogelmagen statt und dauert nur etwa zwei Stunden. Die Bohnen werden gewaschen und in der Sonne getrocknet.

Geschmack: Der Kaffee ist säurearm, hat einen süßlichen Geschmack nach Haselnüssen und Bananen und ein starkes Anisaroma.

Preis pro Kilogramm: ca. 600–1000 Euro oder mehr

Empfohlene Zubereitungsmethode: Filter, French-Press

WISSENSWERTES
rund um den Kaffee

Bio, Fairtrade oder Direkttrade?

Immer mehr Menschen legen Wert auf Bio-Kaffee, der unter fairen Arbeitsbedingungen angebaut wird. Dafür sind die Konsumenten bereit, auch etwas tiefer in die Tasche zu greifen. Der Fairtrade-Gedanke ist schon seit Jahrzehnten ein Thema in der Kaffeebranche, doch relativ neu ist der Konsumentenwunsch nach biologisch und nachhaltig angebauten Kaffeesorten und nach fairem Vertrieb. Die Industrie und vor allem die kleinen Röster sind diesem Wunsch nachgekommen und so kann man immer mehr Bio-Kaffee in den Regalen der Supermärkte, in Röstereien und auf den Getränkekarten der gehobenen Gastronomie finden. Doch was bedeutet Bio, Fairtrade und Direkttrade wirklich?

Bio-Kaffee

Will ein Kaffeefarmer seinen Kaffee als Bio-Kaffee verkaufen, hat er bestimmte Kriterien zu erfüllen und muss dafür auch noch zahlen.

Will man Bio-Kaffee kaufen, muss man vor allem auf das Bio-Zertifikat achten. Es gibt verschiedene Unternehmen, die Bio-Zertifikate nach gesetzlichen Grundlagen der EG-Öko-Verordnung ausstellen dürfen. Farmen, die Bio-zertifizierten Kaffee verkaufen möchten, müssen sich von der Monokultur verabschieden und auf Mischkulturen setzen. Dies ist nicht nur für den Boden, sondern auch für die Pflanzen besser. Kaffeebäume werden meist neben Bananen- oder Kakaosträucher gesetzt. Dies hat auch den Vorteil, dass diese Sträucher den für die Kaffeepflanze so wichtigen Schatten spenden. Weiterhin ist darauf zu achten, dass der Anbau ökologisch erfolgt und dass auf chemische Düngemittel oder Pestizide verzichtet wird.

Das Bio-Siegel nach der EG-Öko-Verordnung

Das Bio-Siegel kann freiwillig zusätzlich zum EU-Bio-Logo verwendet werden, das alle ökologisch erzeugten, verpackten Lebensmittel aus der EU tragen müssen. Damit wird die Bio-Qualität für den Verbraucher auf einen Blick sichtbar.

Die Rechtsgrundlagen des Bio-Siegels

Das ÖKO-Kennzeichengesetz ist die rechtliche Grundlage des Bio-Siegels. Es bezieht sich auf EU-Rechtsvorschriften, die vor allem den ökologischen Landbau betreffen. Missbrauch gegen die Vorschriften des Bio-Siegels können mit hohen Geldbußen oder einer Freiheitsstrafe von bis zu einem Jahr geahndet werden. In der Öko-Kennzeichenverordnung sind die Gestaltung und Verwendung des Bio-Gütesiegels genau beschrieben. Es besteht die Möglichkeit, im Umfeld des Bio-Siegels nationale oder regionale Herkunftsangaben anzubringen. So kann man beispielsweise neben dem Bio-Kennzeichen Hessen, Berlin oder andere Ortsangaben anführen. Zum dem 1. Januar 2009 wurde das Öko-Kennzeichengesetz an die EU-Rechtsvorschriften für ökologischen Landbau angeglichen.

Will jemand ein Bio-Gütesiegel auf seinem Produkt beantragen, müssen verschiedene Kriterien erfüllt sein: Alle Zutaten müssen landwirtschaftlichen Ursprungs sein und aus dem ökologischen Landbau sein. Es dürfen maximal 5 Prozent der Zutaten aus nicht ökologischem Anbau stammen, wenn diese Zutaten nicht in ökologischer Qualität zu bekommen ist. Außerdem müssen Unternehmen, egal ob Produzenten, Handelsbetriebe oder Landwirte, die Anforderungen der EU-Rechtsvorschrift für den ökologischen Landbau erfüllen. Diese Betriebe müssen unter anderem die vorgeschriebenen Bio-Kontrollen durchführen lassen. Wenn diese Kriterien erfüllt sind, darf ein Produkt unter der Bezeichnung »Bio« oder »Öko« verkauft werden.

Bei der Etikettierung oder einer anderen Kennzeichnung der Produkte muss die Codenummer der zuständigen Öko- oder auch Bio-Kontrollstelle angegeben werden. In Deutschland hat die Codenummer für eine Kontrollstelle die Bezeichnung »DE-ÖKO-000«, in Österreich beispielsweise »AT-BIO-000«. DE (Deutschland) oder AT (Österreich) steht für das Herstellerland und die Kennziffer bezeichnet die Kontrollstelle.

Wer Bio-zertifiziert sein möchte, muss natürlich dafür zahlen. Viele Kaffeebauern können sich diese Zertifizierung und Kontrollen sowie den Verzicht auf chemische Düngemittel, Pestizide zum Pflanzenschutz oder Ungeziefervernichtung leisten. Sie bieten unter biologischen Kriterien angebauten Kaffee an, sind aber nicht Bio-zertifiziert.

Ob eine Kaffeepflanze nach ökologischen Kriterien, ohne chemischen Dünger und unter Ausschluss von Pestiziden angebaut wurde, kann man am Geschmack des Kaffees nicht erkennen. Zu unterschiedliche Faktoren sind maßgeblich daran beteiligt.

Bio-zertifizierte Produkte liegen seit einigen Jahren sehr im Trend und die Nachfrage steigt weiter. Konsumenten sollten den Bio-Begriff kritisch hinterfragen und sich konkret mit bestimmten Bio-Lebensmitteln beschäftigen, denn nur so kann über Sinn und Unsinn eines Bio-zertifizierten Lebensmittels nachgedacht werden.

Mein Tipp

Fairtrade oder Direkttrade sollten gegenüber Bio bevorzugt werden.

Fairtrade-Kaffee

Fairtrade ist ein Siegel von »Fairtrade International« (www.fairtrade.net) und steht für fair angebaute und gehandelte Produkte. Es hilft und fördert die kleinen Farmen und zielt darauf ab, den sozialen, ökologischen und ökonomischen Aspekt zu stärken und zu fördern. Gerade in Entwicklungsländern ist die Verbesserung der Einkommenssituation eine wichtige Säule, um nicht nur die persönliche Freiheit der Menschen zu sichern, sondern auch die politische Lage zu stabilisieren. Achtung: Fairtrade muss nicht Bio sein und Bio muss nicht Fairtrade sein!

Farmen, die das Fairtrade-Siegel benutzen dürfen, müssen verschiedene Kriterien erfüllen, beispielsweise:

- keine Kinderarbeit
- geregelte Arbeitszeiten der Mitarbeiter
- faire Bezahlung der Mitarbeiter
- Nachweis des Geldflusses
- transparente Arbeitsbedingungen
- Schutz natürlicher Ressourcen

Ob Fairtrade wirkt und die regionalen Farmen wirklich unterstützt werden, wird mittels eines internen Mentorings untersucht. Fairtrade gibt es in über 73 Ländern mit über 1,5 Millionen Produzenten. Fakt ist, dass der Handel mit Fairtrade-Produkten in den letzten Jahren zunahm.

Direkttrade-Kaffee

Viele Röster versuchen, persönlich Kontakt zu kleinen Kaffeebauern herzustellen und Kaffee direkt bei diesen Farmen zu kaufen. Der Preis für 1 Kilogramm Rohkaffee richtet sich nicht nach der Börse, sondern wird frei verhandelt. Hier geht es meist aber nicht um das Geld, sondern um den persönlichen Kontakt zu den Bauern. Freundschaft, Erfahrungsaustausch und eine gewinnbringende Kooperation auf fairer Basis stehen hier im Vordergrund. Dies hat natürlich auch den Vorteil, dass die Kunden in Europa via sozialer Medien auf die Reise mitgenommen werden und die Gesichter hinter den Bohnen kennenlernen. Regionalität aus Afrika beispielsweise.

Direkttrade bringt viele Vorteile für den Farmer, Röster und Endkunden:

- Die Farmer bekommen mehr Geld, weil die Zwischenhändler umgangen werden.
- Die Röster können Wünsche deponieren und die Kontakte vermarkten, sodass die Kunden noch mehr über den Kaffee erfahren, den sie trinken. Zudem bekommen die Röster die beste Qualität von den Bauern.
- Die Kunden bekommen Kaffee von allerhöchster Qualität und können die ganze Produktions- und Verarbeitungskette nachvollziehen.

Direkttrade ist Fairtrade und Bio immer vorzuziehen. Denn nur hier kann man sich sicher sein, dass der Kaffee fair gehandelt wurde und den allerhöchsten Ansprüchen Genüge getan wird. Farmer und Röster ergänzen sich perfekt und kommunizieren auf gleicher Ebene miteinander mit dem Ziel, für den Kaffeekonsumenten die beste Ware zu liefern.

Problematisch für Direkttrade-Händler oder -röster sind die großen Mengen und der Transportweg. Zudem ist es extrem schwierig, direkt importierten Kaffee Bio-zertifizieren zu lassen.

Die Wiederverwertung von Kaffeesatz

Den Kaffeesatz muss man nicht in den Müll werfen. Es gibt zahlreiche Verwendungsmethoden sowohl für den Kaffeesatz als auch für das Silberhäutchen. Die **Silberhäutchen** ist der einzige Abfall beim Kaffeerösten. Viele Gärtner und vor allem Rosenzüchter schwören auf die positive Wirkung der Silberhäutchen für die Pflanzen. Als Dünger kann man sie einfach in die Erde einmischen und die Rosen haben noch nie so schön geblüht wie nach der Silberhäutchendüngung. Man kann auch etwas Kaffeesatz und Silberhäutchen mischen und in die Erde einhacken.

Mein Tipp

Fragen Sie beim Röster Ihres Vertrauens nach. Er hat fast immer irgendwo einen Sack Silberhäutchen stehen.

Kaffeesatz beginnt sehr schnell zu schimmeln, daher sollte er rasch getrocknet werden. Dazu kann man ihn auf Zeitungspapier ausbreiten und für einige Stunden in die Sonne stellen. Verwenden Sie ihn nicht gleich, sondern lassen Sie ihn abkühlen.

Kaffeesatz als Dünger

Kaffeesatz macht sich hervorragend als Dünger für Pflanzen im Garten. Da der Kaffeemüll noch sehr viele Inhaltsstoffe hat, wirkt sich dies sehr positiv auf das Pflanzenwachstum aus. Wenn Sie Kaffeesatz als Dünger für Ihre Pflanzen verwenden, sollten Sie den getrockneten Kaffeesatz ins Erdreich mischen. Sie können den Kaffeesatz auch in den Komposter geben. Durch die positive Wirkung werden Regenwürmer angezogen, die das Erdreich auflockern und den Kompostiervorgang unterstützen.

Bei der Düngung von Zimmer- oder Balkonpflanzen mit Kaffeesatz ist Vorsicht geboten. Nehmen Sie hier lieber weniger, da der Boden sonst übersäuert wird und die Pflanzen absterben können. Zudem müssen Sie aufpassen, dass der Sud nicht schimmelt, da die Pflanzen ja regelmäßig mit Wasser gegossen werden. Arbeiten Sie den Kaffeesud also gut in die Erde ein.

Mit Kaffeesatz Tiere und Ungeziefer fernhalten

Katzen mögen Kaffeesatz überhaupt nicht. Kommt es vor, dass eine Katze Ihr Hochbeet oder Ihren Gemüsegarten als Klo missbraucht, streuen Sie den Kaffeesud auf die Stellen, wo die Katze ihre Notdurft verrichtet. Kaffeesatz hilft auch gegen **Schnecken, Ameisen und Fliegen**. Will man **Wespen** vertreiben, sollte man den getrockneten Kaffeesatz in ein feuerfestes Gefäß geben und anzünden. Wespen hassen diesen Geruch.

Kaffeesatz gegen Gerüche

Kaffeesatz nimmt sehr gut andere Gerüche auf und neutralisiert sie. Diese Eigenschaft kann man nutzen, wenn man beispielsweise stinkenden Käse, Fleisch oder Thunfischsalat und Fisch im Kühlschrank hat. Einfach Kaffeesud in eine Tasse geben und in den Kühlschrank stellen. Nur gegen den Geruch der schwedischen Fischspeise Surströmming hilft auch der beste Kaffeesatz nicht.

Stellt man eine Schale Kaffeesatz in den **Kleiderschrank** mit alten Kleidern – beispielsweise bevor man sie auf dem Flohmarkt verkaufen will –, so wird der »alte« Duft neutralisiert. Man kann den Sud auch in stinkende Schuhe, beispielsweise in Turnschuhe, geben. Am nächsten Tag sollte dieser Kaffeesatz dann aber entsorgt werden.

Mein Tipp

Nach dem Zwiebel- oder Knoblauchschneiden einfach die Hände mit Kaffeesud einreiben und anschließend waschen – verschwunden sind die Gerüche.

Kaffeesatz als Peeling, Salbe und Haarkur

Kaffeesatz ist auch gut für die Schönheit. Für viele Menschen ist das bereits eine Selbstverständlichkeit, sie machen Salben aus Kaffeesatz oder waschen sich mit Kaffeesatz ihre Haare. Dies gibt ein wundervolles Volumen und sorgt für ein wohliges Gefühl auf der Kopfhaut. Zudem sollen die Inhaltsstoffe des Kaffeesatzes die Haarwurzeln stärken: Für eine **Haarkur** Kaffeesatz und etwas Shampoo in der Hand gut vermischen und sorgfältig in die Haare einkneten, einwirken lassen und gründlich auswaschen. Das Haar glänzt und fühlt sich toll an.

Das Kaffeepulver wirkt auf der Haut wie ein Schleifstein – das perfekte Mittel für ein natürliches Peeling. Es fördert die Zellerneuerung und entfernt Hautschuppen.

Kaffeesatz-Peeling

Zutaten:

3 Esslöffel Kaffeesatz, 2 Teelöffel Honig und 2 Esslöffel Olivenöl (alternativ Kokosöl oder Jojobaöl)

Kaffeesud wird in der Kosmetik sehr häufig verwendet, beispielsweise für Salben, Peelings oder Haarkuren. Das sind aber nur einige Methoden, wie man Kaffeesud sinnvoll verwerten kann.

Zubereitung:
Alle Zutaten in eine Schale geben, gut vermischen und los geht's.

Kaffeesatz-Salben

Zutaten:
6 Esslöffel Kaffeesatz, 4 Esslöffel kalt gepresstes Leinöl, 4 Esslöffel Olivenöl, etwas Bienenwachs

Zubereitung:
Zuerst die Öle und den Kaffeesatz in einen kleinen Topf geben und diesen bei kleiner Flamme auf den Herd stellen und köcheln lassen. Nach etwa 30 Minuten den Sud filtern. Dazu am besten ein Sieb nehmen. Danach das Bienenwachs dazugeben, gut vermischen und in eine kleine Salbendose abfüllen.

Putzen mit Kaffeesud

Will man beispielsweise den Grillrost von Fettresten reinigen und ganz auf chemische Mittel verzichten, sollte man einen Schwamm feucht machen und etwas Kaffeesud draufgeben. Die kleinen Kaffeekörner lassen das Fett und Verkrustungen im Nu verschwinden. Natürlich kann man auch stark verschmutztes Geschirr damit sauber machen. Wichtig ist, dass nach dem Reinigen die sauberen Gegenstände gut abgespült werden.

Zitate über Kaffee

Über Kaffee wurde schon immer gerne gesprochen, daher ist es nicht verwunderlich, dass es zahlreiche Sprüche, Gedichte und Aphorismen über Kaffee gibt. Hier eine kleine Auswahl:

»Im Grunde gibt es nur zwei Tageszeiten: vor dem ersten Kaffee und nach dem ersten Kaffee.«
Nico Rose

»Nach einem guten Kaffee verzeiht man sogar den Eltern.«
Oscar Wilde

»Kellner, falls dies Kaffee ist, bringen Sie mir Tee, falls dies aber Tee ist, bringen Sie mir Kaffee.«
Abraham Lincoln

»Drei Dinge gehören zu einem guten Kaffee: erstens Kaffee, zweitens Kaffee und drittens nochmals Kaffee.«
Alexandre Dumas

»Wo Kaffee serviert wird, da ist Anmut, Freundschaft und Fröhlichkeit!«
Ansari Djerzeri Hanball Abd-al-Kadir

»Kaffee ist die Milch der Denker und Schachspieler.«
Aus Arabien

»Kaffee dehydriert den Körper nicht. Ich wäre sonst schon Staub.«
Franz Kafka

»Liebe ist, wenn Mutti Kaffee macht für Vati und dann probiert, ob der Kaffee auch gut genug ist, bevor sie ihn serviert.«
Unbekannt

»Ich lache niemals, bevor ich meinen Kaffee hatte.«
Clark Gable

»Die beste Methode, das Leben angenehm zu verbringen, ist, guten Kaffee zu trinken. Und wenn man keinen haben kann, so soll man versuchen, so heiter und gelassen zu sein, als hätte man guten Kaffee getrunken.«
Jonathan Swift

»Der Kaffee muss so heiß sein wie die Küsse eines Mädchens am ersten Tag, süß wie die Nächte in ihren Armen und schwarz wie die Flüche der Mutter, wenn sie es erfährt.«
Aus Arabien

»Gott sei's gedankt, in der nächsten Welt wird es keinen Kaffee geben. Denn es gibt nichts Schlimmeres, als auf Kaffee zu warten, wenn er noch nicht da ist.«
Immanuel Kant

Ausbildungsstätten für Baristas oder Kaffeesommeliers

An dieser Stelle habe ich Ihnen einen kleinen Auszug der vielen verschiedenen Anbieter für Barista- und Caffè-Latte-Kurse sowie Sensorik-, Cupping- und Brewing-Workshops aufgelistet.

Die Liste erhebt keinen Anspruch auf Vollständigkeit und ist ohne Wertung zusammengestellt.

Deutschland

Berlin:

Berlin School of Coffee – umfangreiche Barista-Ausbildung und Röstkurse
www.berlinschoolofcoffee.de

BaristaPro – Barista-Akademie mit Kursen in Berlin und Italien
www.barista-training.net

München:

German Barista School – Latte-Art- und Filterkaffee-Kurse
www.deutsche-baristaschule.de

Hannover:

Kaffeeschule – verschiedene Kurse zum Thema Kaffee, von Barista und Rösten über Sensorik bis hin zu Cupping
www.kaffeeschule.com

Bonn:

Bonner Kaffeeschule – Barista-Basic-Kurs und Sensorik, Latte Art sowie verschiedene Brühkurse
www.bonner-kaffeeschule.de

Münster:

roestbar – Rösterei mit verschiedenen Kursen im Bereich Kaffee: von Rösten über Barista-Ausbildung bis hin zu Latte Art und Sensorik
www.roestbar.com

Esslingen:

Kaffeelabor Esslingen – verschiedene Barista-Kurse und Kaffee-Workshops
www.coffeelab.es

Hamburg:

Baristahaus – Latte-Art- und Barista-Kurse sowie Home-Schulungen
www.baristahaus.eu

Kaffeeschule Hamburg – Kurse in den Bereichen Barista, Rösten und Sensorik
www.kaffeeschule-hamburg.de

Frankfurt:

Barista Accademia – umfangreiche Kaffeekurse
www.barista-accademia.de

Mannheim:

Coffee Consulate – umfangreiche Kaffeekurse, auch in englischer Sprache
www.coffee-consulate.com

Köln:

Schamong Kaffee – Rösterei mit vielen Kursen rund um den Kaffee
www.kaffeeroester.de

Österreich

Oberösterreich:

Bio-Kaffeerösterei Kurt Traxl. Es werden verschiedene Kurse angeboten, von »Dein perfekter Kaffee« bis zu »Filterkaffee – verschiedene Filtermethoden werden erklärt und gemeinsam ausprobiert« oder »Kaffeekochkurs – Alte und neue Kaffeerezepte leicht gemacht« sowie »Der königlicher Espresso – Perfektion von der Bohne bis zur Tasse«
www.biokaffeerösterei.at

Die Röster – verschiedene Latte-Art-Kurse, von »Home-Barista« bis zum » Latte Art Master Workshop«
www.dieroester.at

Wien:

Institut für KaffeeExperten – Ausbildungsinstitut, gegründet von Professor Leopold Edelbauer im Jahre 1999; Ausbildungsschwerpunkt Kaffeesommelier in 3 Stufen

1. Grundkurs – Kaffee-Experte
2. Diplom-Kaffeesommelier
3. Chef.-Diplom-Kaffeesommelier

www.kaffee-experten.at

Vienna School of Coffee – Röstkurse, Barista- oder auch Filterzubereitungskurse
www.viennaschoolofcoffee.at

Franz Grünwald – verschiedene Barista-Kurse
https://baristaschule.at

Vienna Coffee College – zahlreiche Kurse über Kaffee bis hin zum Home-Roaster-Kurs
www.viennacoffeecollege.com

Niederösterreich:

Benjamin Graf – erklärt in verschiedenen Kurse das Barista-Handwerk
www.passion-barista.at

Tirol:

Kaffee-Institut Goran Huber – Fachseminare, Barista-Kurse sowie Latte-Art-Trainings und vieles mehr
www.kaffee-institut.at

Vorarlberg:

Amann Kaffee-Akademie – Basiswissen über Kaffee sowie verschiedene Barista-Kurse
www.amann-kaffee.at

WIFI und BFI – bieten in verschiedenen Bundesländern Kaffee- und Barista-Kurse an
www.wifi.at oder www.bfi.at

Schweiz

Zürich:

Coffee Lab Zürich – Latte-Art-Kurse sowie Home-Barista-Kurse
https://www.coffeelabswiss.ch

Münchenstein:

Kaffeemacher – verschiedene Latte-Art-Kurse, Barista-Kurse und Röstkurse sowie Sensorikschulungen; sehr umfangreiches Angebot
www.kaffeemacher.ch

Uster:

Kaffeezentrale – umfangreiche Home-Barista-Kurse, die immer schnell ausgebucht sind
www.kaffeezentrale.ch

Ebikon:

RAST – Familienunternehmen bietet Barista- und Sensorikkurse an
www.rast.ch

Luzern:

André Strittmatter – verschiedene Barista- und Latte-Art-Kurse
www.hochstrasser.ch

Linkliste

www.kaffeewiki.de

www.scaaustria.com

www.kaffeezentrale.de

www.kaffee-spezialisten.com

www.beans-and-machines.at

www.coffeecircle.at

www.kaffeeverband.de

www.roastmarket.de

www.sca.coffee

https://sca.coffee/sca-member-brochure-german

https://kaffee.org

Bildnachweis

S. 6/28: Valentina Razumova/Shutterstock.com; S. 8/69: AnastasiaNess/Shutterstock.com; S. 9/65: yingko/Shutterstock.com; S. 11/153: White Gold Photos/Shutterstock.com; S. 13, 59, 95, 111, 159: Iryna Melnyk/Shutterstock.com, Alvaro German Vilela/Shutterstock.com, yingko/Shutterstock.com, P-fotography/Shutterstock.com; S. 14: joloei/Shutterstock.com; S. 15: Martin Nabert/Shutterstock.com; xuanhuongho/Shutterstock.com; AS. 16: Torjrtrx/Shutterstock.com; superoke/istock.com; S. 17: Tomasz Klejdysz/SHutterstock.com; S. 18: Green Arrow/Shutterstock.com; S. 20: Paulo Vilela/Shutterstock.com; S. 30: bonga1965/Shutterstock.com; S. 32: elenaleonova/istock.com; Bartosz Hadyniak/istock.com; S. 33: wsfurlan/istock.com; S. 34: dimarik/istock.com; S. 36: jaboo2foto/Shutterstock.com; tbd/istock.com; S. 38: THEGIFT777/istock.com; Martchan/Shutterstock.com; S. 39: moddangfire/Shutterstock.com; S. 48: Koji_Ishii/istock.com; S. 52: Kanyarat Ngamjunyaporn/Shutterstock.com; S. 64: Jiri Hera/Shutterstock.com; S. 67: MThanaphum/Shutterstock.com; S. 70: Sukpaiboonwat/Shutterstock.com; S. 73: eFesenko/Shutterstock.com; S. 77: Firma V/Shutterstock.com; S. 78: fotogiunta/Shutterstock.com; S. 79: Pro3DArtt/Shutterstock.com; S. 80: Alvaro German Vilela/Shutterstock.com; S. 82: Davizro Photography/Shutterstock.com; S. 83: NAPA/Shutterstock.com; S. 85: I love coffee/Shutterstock.com; S. 87: wavebreakmedia/Shutterstock.com; S. 88: YKTR/Shutterstock.com; S. 89: bankerwin/Shutterstock.com; Syda Productions/Shutterstock.com; S. 94: Dark Moon Pictures/Shutterstock.com; S. 98: Stocksnapper/Shutterstock.com; S. 100: Constantin Stanciu/Shutterstock.com; S. 103: Natalia Ruedisueli/Shuttertock.com; S. 105: P-fotography/Shutterstock.com; S. 107: ordinary life/Shutterstock.com; S. 114: wsantina/Shutterstock.com; S. 117: Yulia Grigoryeva/Shuttertock.com; S. 140: Tongchana Hongcharoen; S. 141: Kim David/Shutterstock.com; S. 152: Lano Lan/Shutterstock.com; S. 153: Keith Levit/Shutterstock.com; S. 154: Darrin Henry/Shutterstock.com; S. 155: AKKHARAT JARUSILAWONG/Shutterstock.com; S. 156: Yardie Inc/Shutterstock.com; S. 158: vitormarigo/Shutterstock.com; S. 165: Monthira/Shutterstock.com

S. 41, 44, 45, 61, 62, 67, 72, 74, 75, 81, 117, 118, 152: © Kurt Leopold Traxl

Auch als **E-Book** erhältlich

96 Seiten
9,99 € (D) | 10,30 € (A)
ISBN 978-3-7423-0131-4

Veronika Pichl

Ich liebe Kaffee

Über 50 tolle Rezepte von Cold Brew bis Kaffee-Brownies

Den Duft von Kaffee verbinden wir mit einem gelungenen Start in den Tag, aber auch mit Geborgenheit, anregenden Gesprächen und natürlich Kuchen. Doch Kaffee ist viel mehr als ein muntermachendes Heißgetränk.
Er lässt sich in der Küche auf vielfältige Weise für Frühstücke, Desserts, Torten und andere leckere Gerichte einsetzen, zum Beispiel für Espresso-Kakao-Crêpes, Kaffee-Brownies, ein Kaffee-Oatmeal, einen Marshmallow-Latte oder einen Kaffee-Protein-Smoothie, und er findet sogar in der Kosmetik Anwendung und eignet sich hervorragend für ein Kaffee-Gesichtspeeling.
Neben über 50 Rezepten zeigt Ihnen dieses Buch auch die aktuellen Trends – wie zum Beispiel Cold Brew –, geht auf Sorten, Anbauorte und die internationale Kaffeehauskultur ein und erklärt Ihnen, mit welcher Technik Sie den besten Kaffee machen.

riva